A HISTÓRIA DA MULHER NA MEDICINA

Angélica Nogueira Rodrigues
Anelisa Kruschewsky Coutinho
Clarissa Mathias
Clarissa Baldotto
Marisa Riscalla Madi

A HISTÓRIA DA MULHER NA MEDICINA

2025

SBOC SOCIEDADE BRASILEIRA DE ONCOLOGIA CLÍNICA

eE editora dos Editores

A História da Mulher na Medicina

Angélica Nogueira Rodrigues
Anelisa Kruschewsky Coutinho
Clarissa Mathias
Clarissa Baldotto
Marisa Riscalla Madi

Consultoria Editorial:
Gisele Vitoria

Produção editorial e capa:
MKX Editorial

Impresso no Brasil
Printed in Brazil
1ª impressão – 2025

Editora dos Editores
São Paulo: Rua Marquês de Itu,408
Sala 104 - Centro
(11) 2538-3117
Rio de Janeiro: Rua Visconde de Pirajá, 547
- Sala 1121 - Ipanema.
www.editoradoseditores.com.br

Atendimento
Interativo
(11) 98308-0227

Este livro foi criteriosamente selecionado e aprovado por um Editor científico da área em que se inclui. A Editora dos Editores assume o compromisso de delegar a decisão da publicação de seus livros a professores e formadores de opinião com notório saber em suas respectivas áreas de atuação profissional e acadêmica, sem a interferência de seus controladores e gestores, cujo objetivo é lhe entregar o melhor conteúdo para sua formação e atualização profissional.

Desejamos-lhe uma boa leitura!

Dados Internacionais de Catalogação na Publicação (CIP)
(Câmara Brasileira do Livro, SP, Brasil)

A História da mulher na medicina / editoras Angélica Nogueira Rodrigues...[et al.]. -- 1. ed. -- São Paulo : Editora dos Editores, 2025.

Várias autoras
Outras editoras: Anelisa Kruschewsky Coutinho, Clarissa Mathias, Clarissa Baldotto, Marisa Riscalla Madi.
Bibliografia.
ISBN 978-65-6103-113-4

1. Médicas - Histórias de vidas. 2. Medicina - História. 3. Mulheres na medicina. I. Rodrigues, Angélica Nogueira. II. Coutinho, Anelisa Kruschewsky. III. Mathias, Clarissa. IV. Baldotto, Clarissa. V. Madi, Marisa Riscalla.

25-310788.0 CDD-610

Índices para catálogo sistemático:
1. Mulheres na medicina 610

Aline Graziele Benitez - Bibliotecária - CRB-1/3129

Editoras

Angélica Nogueira-Rodrigues, MD, PhD

- Presidente da Sociedade Brasileira de Oncologia Clínica (SBOC)
- Professora e Pesquisadora da Universidade Federal de Minas Gerais (UFMG)
- Idealizadora e atual Diretora de Planejamento do Grupo Brasileiro de Tumores Ginecológicos (EVA)
- Diretora de Relações Internacionais do Grupo Brasileiro de Estudos em Câncer de Mama (GBECAM)
- Chair Ginecologia Oncológica LACOG
- Oncologista DOM e Oncoclínicas, OC Mulher
- Post doc Harvard University.

Anelisa Kruschewsky Coutinho, MD, MsC

- Presidente de Honra da Sociedade Brasileira de Oncologia Clínica (SBOC)
- Fundadora e diretora do Grupo Brasileiro de Tumores Gastrointestinais (GTG)
- ESMO Faculty Member for the Gastrointestinal Tumors, non-colorectal
- ESMO GI Oncology Editorial Board Member

Clarissa Baldotto, MD, MsC, PhD

- Presidente-Eleita da Sociedade Brasileira de Oncologia Clínica (SBOC)
- Professora Permanente Pós-Graduação ID' Or
- Ex-Presidente Grupo Brasileiro Oncologia Torácica e atual Coordenadora do Comitê de Relações Internacionais
- Membro do Board da International Association for the Study of Lung Cancer – Diretora de Cuidado Integrado Oncologia D'Or

Clarissa Mathias, MD

- Oncologista Clínica – Oncologia D'Or
- Ex-Presidente da Sociedade Brasileira de Oncologia Clínica (SBOC)
- Criadora do Comitê de Lideranças Femininas da SBOC
- Líder do Câncer Center Hospital Santa Izabel

Marisa Riscalla Madi, MD, MsC, PhD

- Diretora Executiva da Sociedade Brasileira de Oncologia Clínica (SBOC)
- Médica Assessora do Comitê de Referência em Oncologia do Estado de São Paulo (ICESP/SES-SP)
- Membro do Departamento ComSaúde da Federação das Indústrias do Estado de São Paulo (FIESP)
- Membro da Comissão de Avaliação de Contratos das Organizações Sociais de Saúde o Estado de São Paulo (OSS-SP)

Autoras

Abna Faustina Sousa Vieira
Aknar Calabrich
Alessandra Menezes Morelle
Aline Chaves Andrade
Aline Lauda
Ana Amélia de Almeida Viana
Ana Coradazzi
Ana Gelatti
Andrea Paiva Gadelha Guimarães
Camila Venchiarutti
Camilla Yamada
Carolina Kawamura
Caroline Chaul
Daniela Dornelles Rosa
Danielle Laperche dos Santos
Débora Melo Gagliato Jardim
Eldsamira da Silva Mascarenhas
Gisah Guilgen
Graziela Zibetti Dal Molin
Isabella Drumond Figueiredo
Juliana Florinda
Karla Fabiane Siebra de Oliveira Maia
Larissa Muller Gomes
Laura Testa
Letícia Neuenschwander
Luciana Castro Garcia Landeiro
Luiza Dib
Marcela Bonalumi dos Santos
Maria Cecília Mathias
Maria Cristina Figueroa
Maria de Fátima Gaui
Maria del Pilar Estevez Diz
Maria Ignez Braghiroli
Mariane Sousa Fontes Dias
Monica Toledo
Patricia Ashton-Prolla
Renata Arakelian
Renata Bonadio
Renata Cangussu
Sabrina Rossi Perez Chagas
Samantha Cabral Severino da Costa
Sarah Ananda
Sofia Vidaurre

Apresentação

Por que contar essas histórias importa

As mulheres sempre estiveram na Medicina. No começo estiveram nos partos, nas ervas, nos curativos improvisados. Estiveram com as mãos estendidas e os ouvidos atentos muito antes de serem aceitas nas universidades ou reconhecidas nas academias. Mas, por muito tempo, foram invisibilizadas, como se o cuidado não fosse também ciência. Ao longo da história, mentes brilhantes contribuíram para avanços importantíssimos na ciência. Mesmo assim, algumas trajetórias extraordinárias foram esquecidas e precisaram ser reparadas tempos depois.

Este livro nos conduz a uma travessia pelo tempo, pelas fronteiras e pelas camadas da história, para revelar as trajetórias de mulheres que mudaram o rumo da medicina com coragem, inteligência e sensibilidade. Algumas ganharam prêmios Nobel. Outras enfrentaram regimes militares. Muitas foram pioneiras não por quererem ser heroínas, mas porque ninguém antes havia se atrevido a abrir as portas.

Aqui estão cientistas que desafiaram dogmas, ganharam Prêmios Nobel, médicas que criaram sistemas de saúde pública, pesquisadoras que mapearam genes, humanistas que transformaram a psiquiatria. Estão também as brasileiras que cuidaram da população nas periferias, nos consultórios improvisados das políticas públicas, nas salas de cirurgia e nos bastidores do pensamento sanitário.

Contamos suas histórias com rigor e ternura, com o compromisso de deixar viva a memória de quem se recusou a aceitar que a medicina fosse um território exclusivamente masculino.

Este livro celebra um momento histórico para a SBOC: três mulheres consecutivamente na presidência e uma CEO também mulher. Essa sequência inédita não é casual — é o reflexo de uma transformação profunda, estratégica, de uma instituição que amadurece, se abre à diversidade e reconhece a potência e necessidade da liderança feminina na ciência e na gestão.

Este livro é um mapa de resistência, uma carta de amor ao conhecimento e, também, um lembrete: quando uma mulher entra na Medicina, não entra sozinha. Ela abre espaço para todas que virão depois.

Sumário

A História da Mulher na Medicina Mundial

Aknar Calabrich
Ana Gelatti
Eldsamira da Silva Mascarenhas
Monica Toledo
Renata Cangussu

Introdução

A história da medicina foi, por muito tempo, narrada a partir de uma perspectiva predominantemente masculina. Grandes avanços científicos e instituições médicas foram tradicionalmente associados a nomes masculinos, enquanto as contribuições femininas permaneceram por séculos marginalizadas, ocultas ou deliberadamente apagadas. No entanto, desde as civilizações antigas, mulheres desempenharam papéis essenciais nos cuidados com a saúde, como parteiras, curandeiras, benzedeiras ou mesmo médicas em sistemas tradicionais de medicina, apesar das restrições institucionais que lhes foram impostas ao longo da história.

Durante a Idade Média, por exemplo, muitas mulheres praticavam a medicina em conventos ou em comunidades isoladas. Com a profissionalização e regulamentação da medicina na Europa moderna, o acesso das mulheres à formação formal foi sistematicamente barrado. Apenas no século XIX, com o advento de movimentos sociais por direitos civis e educacionais, é que algumas pioneiras conseguiram romper essas barreiras, conquistando gradualmente espaço nas escolas médicas e nos hospitais universitários. Essas conquistas ocorreram não sem resistências institucionais, sociais e culturais, mas abriram caminho para uma transformação estrutural no papel da mulher na medicina.

Hoje, os dados revelam uma mudança significativa. Segundo o Conselho Federal de Medicina (CFM), em 2023, as mulheres representam 47,3% dos médicos em atividade no Brasil, sendo maioria entre os profissionais com menos de 34 anos (59,3%).[1,2] Nos Estados Unidos, as mulheres já são mais da metade dos estudantes em cursos de medicina, uma tendência que se mantém crescente desde a década de 1990.[3] Esses números são reflexo de uma história de perseverança e de contribuições valiosas. Mulheres têm sido responsáveis por descobertas científicas revolucionárias, inovações terapêuticas, mudanças no cuidado ao paciente e reformas em políticas de saúde pública. Apesar disso, ainda persistem desigualdades na ocupação de cargos de liderança, na remuneração e no reconhecimento institucional.[4]

Compreender a história da mulher na medicina não é apenas um exercício de resgate histórico. É um passo fundamental para valorizar o protagonismo feminino na ciência e na saúde, e para inspirar novas gerações de médicas, pesquisadoras, educadoras e gestoras. Este capítulo busca destacar a história e evolução do papel das mulheres na medicina mundial, assim como algumas daquelas que desafiaram o *status quo* e transformaram a medicina, muitas vezes contra todas as probabilidades.

Contexto histórico: da exclusão à conquista de espaço

A história da mulher na medicina é marcada por lutas silenciosas, exclusões institucionais e resistências cotidianas, mas também por trajetórias inspiradoras de superação. A figura feminina sempre esteve presente, embora nem sempre reconhecida. Desde as antigas curandeiras e parteiras até às renomadas médicas da atualidade, a trajetória das mulheres na medicina é um testemunho de resiliência, inteligência e uma incessante busca por um lugar de direito em um campo dominado pela figura masculina por séculos.

Na antiguidade, mulheres já exerciam papel fundamental no cuidado com a saúde, ainda que, por muito tempo, de maneira informal e desvalorizada, à margem das instituições oficiais. No Egito Antigo, por exemplo, figuras como *Peseshet*, considerada a primeira médica conhecida da história (cerca de 2.700 a.C.), demonstram a existência de mulheres com formação e reconhecimento formal. Há outros registros de mulheres com conhecimento médico em civilizações antigas como *Cleopatra Metrodora*, egípcia que viveu na Grécia e trabalhou como médica. Ela realizou um importante trabalho na saúde da mulher, além de ter sido Autora do manuscrito bizantino "Sobre Doenças e Curas das Mulheres". ***Aspasia*** também merece destaque na área da ginecologia e obstetrícia. Elas desenvolveram procedimentos inovadores que se assemelham muito às técnicas cirúrgicas modernas, sobretudo em ginecologia, obstetrícia, cirurgia plástica e oncologia.[5] Infelizmente muitas delas ficaram de fora dos registros oficiais históricos e há relatos de mulheres que se passaram por homens para poderem atuar na área da saúde, a exemplo de *Agnodice*.[6]

A Idade Média, por sua vez, apresenta um cenário ambivalente. Se, por um lado, o surgimento das universidades e a institucionalização da medicina levaram a uma exclusão crescente das mulheres dos círculos acadêmicos e profissionais, por outro, as *parteiras* e as *curandeiras populares* mantiveram-se como pilares essenciais da saúde nas comunidades, especialmente nas áreas rurais. As mulheres que praticavam a medicina eram chamadas pejorativamente de curandeiras e bruxas e muitas foram perseguidas na *Santa Inquisição*. Entretanto, apesar das restrições impostas pelo patriarcado e pela Igreja, as mulheres atuaram ativamente no cuidado da saúde, muitas vezes em espaços informais ou religiosos. Utilizavam conhecimentos empíricos baseados em ervas, práticas populares e experiências transmitidas oralmente e, mesmo excluídas das universidades e da medicina, as mulheres foram fundamentais na manutenção das práticas terapêuticas, sobretudo no âmbito da medicina monástica e popular.[7] *Dorotea*

Bucca quebrou paradigmas ocupando uma cadeira de medicina na Universidade de Bolonha.[8]

Os séculos seguintes foram marcados por uma exclusão quase completa das mulheres nas universidades e nas sociedades médicas. A formação médica formal tornou-se um privilégio masculino e a ideia de uma mulher atuando como médica era frequentemente ridicularizada ou considerada imoral. A biologia e a fisiologia eram usadas para justificar a suposta inferioridade intelectual e física feminina, argumentando que as mulheres não possuíam a capacidade mental ou a estabilidade emocional necessárias para a prática médica.

Durante o Renascimento e o Iluminismo, períodos marcados pela ciência e pelo ideal de racionalidade, consolidou-se um paradoxo na história da medicina: enquanto o conhecimento científico avançava significativamente, as mulheres seguiram excluídas das instituições formais. A criação de universidades e academias reforçou as barreiras de gênero, restringindo o acesso feminino à formação e à prática médica oficial, ainda que as mulheres continuassem a exercer papéis fundamentais na medicina doméstica. Casos excepcionais são como os de *Anna Morandi Manzolini* (1714-1774) que produziu modelos anatômicos, lecionou para alunos de medicina e foi uma das poucas mulheres de seu tempo a integrar círculos científicos respeitados.[9] Mas infelizmente isso foi uma exceção, já que a maioria das mulheres permaneceu restrita a funções auxiliares ou à prática informal. Assim, mesmo com o progresso do pensamento científico, a medicina permaneceu como um campo fortemente masculinizado, consolidando-se como espaço de exclusão institucional das mulheres.

No século XIX, a medicina começou a se reconfigurar como uma profissão moderna e institucionalizada e surgiram os primeiros movimentos feministas que desafiaram abertamente a exclusão das mulheres das escolas médicas e reivindicaram o direito à educação formal em saúde. Um marco histórico foi a formação de Elizabeth Blackwell, em 1849, que se tornou a primeira mulher a obter um diploma de medicina nos Estados Unidos, enfrentando forte resistência institucional e social, e de Sophia Jex-Blake (1840-1912), que lutou incansavelmente pelo direito das mulheres de estudar medicina no Reino Unido, tornando-se símbolos dessa resistência.[10] Elas enfrentaram discriminação, hostilidade e ridicularização, mas pavimentaram o caminho para que outras mulheres pudessem seguir seus passos. Inspiradas por esse feito, outras pioneiras desafiaram a hegemonia masculina nas universidades e nos hospitais, denunciando o caráter patriarcal das instituições médicas. No entanto, muitas escolas continuaram a proibir explicitamente a matrícula de mulheres até o final do século, forçando a criação de instituições exclusivamente femininas, como a Woman's Medical College of Pennsylvania. A abertura das primeiras escolas de medicina para mulheres e a admissão, ainda que relutante, em algumas instituições mistas, marcou o início de uma nova era. Mesmo assim as discriminações de gênero não foram eliminadas, uma vez que a atuação médica feminina era frequentemente limitada a áreas consideradas "adequadas", como pediatria, ginecologia ou medicina social, perpetuando estereótipos de cuidado associados à feminilidade.

O século XX foi um período de transformações sociais e culturais que impactaram profundamente a presença feminina na medicina. As duas Guerras Mundiais, ao exigirem um número maior de profissionais de saúde, abriram portas para que as mulheres assumissem papéis mais proeminentes. A crescente demanda por mão de obra em diversas áreas e a luta pelos direitos civis e pela igualdade de gênero impulsionaram a aceitação e o reconhecimento das médicas. Apesar desse avanço, elas continuaram enfrentando barreiras institucionais, como a limitação ao acesso a especialidades de prestígio e cargos de liderança.

A partir da década de 1970, impulsionadas pelos movimentos feministas, muitas médicas passaram a reivindicar não apenas igualdade de oportunidades, mas também uma medicina mais humanizada e voltada às necessidades específicas das mulheres, atuando ativamente em pautas como os direitos reprodutivos e a saúde pública.[11] Sua presença expandiu-se gradualmente para todas as especialidades, incluindo aquelas historicamente dominadas por homens, como a cirurgia e as especialidades clínicas. Em especialidades cirúrgicas, a presença feminina historicamente foi marginal, com avanços mais expressivos apenas nas últimas décadas, impulsionados por sociedades de mulheres cirurgiãs e iniciativas de mentoria e apoio mútuo.

No século XXI, o número de mulheres na medicina cresceu significativamente, superando o de homens em diversas regiões, incluindo o Brasil, onde as médicas já são maioria entre os profissionais mais jovens. Mas esse crescimento é varável entre os países: no Leste Europeu, a proporção de médicas é elevada, mas a presença em cargos de liderança ainda é restrita, já no Japão, as barreiras culturais e institucionais continuam dificultando o avanço das mulheres na carreira médica. Esse avanço quantitativo também não se traduziu automaticamente em equidade. Persistem desafios relacionados à desigualdade salarial, sub-representação em cargos de liderança e barreiras invisíveis como o sexismo estrutural. Além disso, debates contemporâneos ampliaram a perspectiva de gênero na profissão, incorporando conceitos como interseccionalidade — que considera como a classe, raça e maternidade impactam a trajetória das médicas. Muitas profissionais enfrentam sobrecarga mental e dificuldades para conciliar o trabalho com a vida familiar, especialmente em especialidades com jornadas longas e imprevisíveis, revelando que a igualdade formal ainda convive com desigualdades práticas.[12,13] Assim, a presença feminina na medicina contemporânea não é apenas um dado estatístico, mas um campo de disputas por reconhecimento, poder e transformação institucional.

Mulheres que fizeram história

Inúmeras mulheres contribuíram de forma extremamente significativa para os grandes avanços da medicina.[14] Destacamos algumas de grande expressão e importância na mudança de paradigmas em relação ao papel das mulheres da medicina mundial.

Como citado acima, Elizabeth Blackwell (**Figura 1.1**) é reconhecida como a primeira mulher a obter um diploma médico nos Estados Unidos em 1849, simbolizando a abertura do caminho para a participação feminina formal na medicina moderna e inspirando gerações subsequentes de médicas e pesquisadoras.[15] Além desse grande feito que abriu portas para inúmeras mulheres, Elizabeth dedicou sua vida a inúmeros projetos de elevada importância para a medicina e para a sociedade. Em 1857, ao lado da sua irmã também médica, Emily Blackwell, fundou a "Infirmary for Indigent Women and Children", que prestava serviços para mulheres e crianças carentes e oferecia treinamentos para futuras médicas. Defendeu boas práticas de saúde e higiene e publicou diversos livros ao longo da sua vida. Ajudou a estabelecer a "Women´s Medical College of the New York Infirmary", em 1868, criada para treinar mulheres médicas profissionalmente.[16]

Figura 1.1. Dra. Elizabeth Blackwell, retrato oficial por volta de 1860. Fonte: National Library of Medicine – Circulating Now, domínio público.

Sob forte influência de Elizabeth Blackwell, a primeira mulher a obter um diploma médico na Europa, também tinha naturalidade inglesa e se chamava Elizabeth Garret Anderson. Nasceu em 1836 e, após muitas lutas, conseguiu iniciar sua graduação em medicina na Universidade de Paris em 1865, onde se graduou médica em 1870.[14] Em 1872, Anderson fundou o "New Hospital for Women" em Londres, com equipe composta exclusivamente por mulheres. A determinação de Anderson abriu caminho para outras mulheres na Inglaterra e, em 1876, foi aprovada uma lei permitindo o ingresso de mulheres na medicina. Em 1883, Anderson foi nomeada reitora da Escola de Medicina Feminina de Londres, que ela havia ajudado a fundar em 1874.[9]

Uma outra mulher que fez história na medicina mundial foi a cientista Marie Sklodowska-Curie (**Figura 1.2**). Nascida na Polônia em 1867, Curie foi a primeira mulher a ganhar um Prêmio Nobel e a única pessoa a ganhar Prêmios Nobel em duas áreas científicas distintas: Física, em 1903, e Química, em 1911. Seu trabalho pioneiro sobre a radioatividade, postulando que a radiação era uma propriedade física e não química foi um grande marco na compreensão da estrutura da matéria. Posteriormente, suas descobertas do polônio e do rádio tiveram um impacto extraordinário na medicina, especialmente no tratamento do câncer[17]. Curie fundou institutos de rádio para estudar a radiação e estabeleceu unidades móveis de raios X durante a Primeira Guerra Mundial, acompanhada por suas duas filhas, Irène e Ève. Sua longa exposição ao rádio foi a causa da sua morte, em 1934, secundária à anemia aplástica.

No contexto da medicina clínica e diagnóstica, várias mulheres deram nome a síndromes e testes amplamente utilizados: Łucja Frey Gottesman (síndrome de Frey), Margaret Dix (teste de Dix-Hallpike), Lotte Strauss (doença de Churg-Strauss), Dorothy Reed Mendenhall (células de Reed-Sternberg em linfoma de Hodgkin), Edith Louise Potter (sequência de Potter) e Denise Louis-Bar (síndrome de Louis-Bar/ataxia-telangiectasia)[18]. Essas contribuições foram essenciais para o avanço da neurologia, patologia, perinatologia e imunologia clínica.

Dorothy Reed Mendenhall (1856-1934) foi uma médica patologista que fez contribuições significativas no campo da medicina e da pesquisa. Ela foi uma das primeiras a descrever o linfoma em humanos e foi uma pioneira na utilização de métodos microscópicos para o diagnóstico de doenças. Trabalhando nos laboratórios da Hopkins, ela descreveu a célula de Reed (ou célula de Reed-Sternberg, em homenagem a Dorothy Reed e Karl Sternberg, um patologista austríaco), ligadas à doença de Hodgkin, recebendo reconhecimento internacional. Seu trabalho ajudou a estabelecer a patologia como uma especialidade essencial na medicina.[19]

Outras diversas mulheres poderiam ter suas relevantes histórias aqui trazidas, mas as acima destacadas, expressam, de forma muito representativa, o valor e a grandeza da luta por espaço e reconhecimento das mulheres na medicina mundial.

Figura 1.2. Dra. Marie Skłodowska-Curie (1900-1910), retrato de estúdio. Fonte: PICRYL / U.S. National Archives, domínio público.

Conclusão

A trajetória das mulheres na medicina evidencia a força e resiliência da mulher, que conseguiu espaços num ambiente dominado pela masculinidade. Iniciou a atuação de forma tímida e marginalizada, superando todas as expectativas e conseguindo conquistar espaços que jamais foram planejados para elas. Embora visibilidade e representatividade tenham sido conquistadas de forma nunca vista, ainda há um grande desafio que transcende a superação de números em medicina, mas sim um espaço de mudança cultural profunda, transformando o modo de pensar patriarcal da nossa sociedade. O reconhecimento dessa trajetória histórica (**Figura 1.3**) nos faz valorizar todas as conquistas e reforça em nós mulheres o reconhecimento de desigualdades persistentes e a necessidade de fortalecer políticas e práticas que promovam uma medicina mais justa, inclusiva e plural.

Pontos Chave

1. Invisibilidade histórica das mulheres na medicina

   Contribuições femininas tradicionalmente marginalizadas ou apagadas nos registros históricos.

2. Papel das mulheres em sociedades antigas

   Parteiras, curandeiras e médicas atuavam mesmo sem reconhecimento formal. Exemplos notáveis incluem Peseshet, Cleopatra Metrodora, Aspasia e Agnodice.

3. Perseguições e exclusão institucional na Idade Média

   Mulheres associadas a práticas populares foram muitas vezes perseguidas como bruxas. Atuação persistente em conventos e comunidades locais.

4. **Avanço da medicina e o reforço da exclusão feminina (Renascimento e Iluminismo)**

   Institucionalização da medicina reforçou o acesso restrito às mulheres, apesar de casos excepcionais como Anna Morandi Manzolini.

5. **Século XIX: o surgimento das primeiras médicas formadas**

   Elizabeth Blackwell e Sophia Jex-Blake romperam barreiras, incentivando a criação de escolas médicas femininas.

6. **Século XX: crescimento da participação feminina na medicina**

   Guerras mundiais ampliaram o espaço das médicas. No entanto, desigualdades salariais e de acesso a liderança persistiram.

7. **Movimentos feministas e transformação da prática médica**

   A partir da década de 1970, as médicas se engajaram em direitos reprodutivos, humanização da saúde e políticas públicas.

8. **Século XXI: avanços e desafios contemporâneos**

   Mulheres são maioria entre médicos jovens no Brasil, mas ainda enfrentam desigualdades estruturais, especialmente pela interseccionalidade.

9. **Mulheres notáveis que marcaram a história da medicina**

   Elizabeth Blackwell, Elizabeth Garrett Anderson, Marie Curie, Dorothy Reed Mendenhall, entre outras, tiveram impacto fundamental em diversas especialidades médicas.

10. **Conclusão: da marginalização ao protagonismo**

    Reconhecimento da trajetória de luta das mulheres na medicina e a necessidade contínua de transformação cultural para igualdade plena.

Referências bibliográficas

1. Conselho Federal de Medicina. Demografia médica no Brasil 2023. Brasília: CFM; 2023.
2. Moreira MCN, Oliveira MAC, Gusso GDF, Andrade LOM. Gênero e carreira na medicina brasileira: um estudo transversal com médicos e médicas. Rev Assoc Med Bras (1992). 2019;65(4):526-33.
3. Morantz-Sanchez R. Sympathy and science: women physicians in American medicine. New York: Oxford University Press, 2000.
4. UN Women. Gender equality in science, medicine and health. Paris: UNESCO, 2022.
5. Aspasia and Cleopatra Metrodora, Two Majestic Female Physician – Surgeons in the Early Byzantine Era. Journal of Universal Surgery. 2016 Jan;4(3):55.
6. King H. Agnodike and the profession of medicine. Proc Camb Philol Soc. 1986;(32):53-77. Available from: http://www.jstor.org/stable/44696917.
7. Ramos J. As mulheres e a medicina no mundo medieval. Cad Pagu. 1997;(9):183-211.
8. Dorotea BUCCA [Internet]. Scientific Women; [cited 2025 Jul 28]. Available from: https://scientificwomen.net/women/bucca-dorotea-20.
9. Ogilvie MB. Women in science: antiquity through the nineteenth century: a biographical dictionary with annotated bibliography. Cambridge (MA): MIT Press, 1986.
10. Morantz-Sanchez RM. Sympathy and science: women physicians in American medicine. New York: Oxford University Press, 1985.
11. Boulis AK, Jacobs JA. The changing face of medicine: women doctors and the evolution of health care in America. Ithaca (NY): ILR Press/Cornell University Press, 2008.
12. Bonet O, Lima LD, Machado MH, Viana ALD. Mulheres médicas no Brasil: desafios e perspectivas. Rio de Janeiro: Fiocruz; 2021.
13. UN Women. The world's women 2020: trends and statistics. New York: United Nations, 2020.
14. Windsor L. Women in medicine: an encyclopedia. Santa Barbara (CA): ABC-CLIO, 2002.
15. Nimura JP. The Doctors Blackwell: how two pioneering sisters brought medicine to women and women to medicine. New York: W. W. Norton, 2021.
16. Blackwell E. Pioneer work in opening the medical profession to women. London: Longmans, Green, and Co., 1895.
17. Ogilvie MB. Marie Curie: a biography. Amherst (NY): Prometheus Books, 2010.
18. Mosteller LJ, Yang AW, Tolisano AM. Her legacy lives on: celebrating the women behind head and neck eponyms. Otolaryngol Head Neck Surg. 2024;171(5):1614-6. doi:10.1002/ohn.882.
19. National Library of Medicine (US). Celebrating America's women physicians: changing the face of medicine [Internet]. Bethesda (MD): NLM; [archived 2003 Oct 17; cited 2015 Mar 12]. Available from: https://www.nlm.nih.gov/changingthefaceofmedicine/.

Atual

Protagonismo Atual

Consolidação de números das mulheres na Medicina, mas questões como sexismo estrutural e interseccionalidade ainda precisam ser superadas.

1970s d.C.

Movimentos Feministas

Crescimento da presença feminina em especialidades e lideranças. Enfoque na humanização, saúde da mulher e direitos reprodutivos.

1903 1911 d.C.

Marie Curie

Primeira mulher a ganhar o Prêmio Nobel (Física, 1903) e única a vencer em duas áreas (Química, 1911), com impacto direto na Medicina através da radioatividade.

1849 d.C.

Elizabeth Blackwell

Primeira mulher a obter diploma de medicina nos Estados Unidos, abrindo caminhos para outras.

1300 d.C.

Dorotea Bucca

Ocupou uma cátedra de Medicina na Universidade de Bolonha, em uma época em que mulheres eram excluídas da academia.

2700 a.C.

Peseshet

Primeira médica conhecida no Egito Antigo. Atuava como supervisora de médicas mulheres em templos.

Eloísa Díaz

(1866-1950)

Primeira médica da América Latina,
foi pioneira da saúde pública no Chile

"Sinto que não perdi nada ao me instruir e que não rebaixei minha dignidade de mulher, nem torci o caráter do meu sexo. Não! A instrução, como muitos pretendem, não é a perdição da mulher: é a sua salvação"

Em 1887, uma jovem chilena chamada **Eloísa Díaz** venceu a resistência social, o machismo acadêmico e tornou-se a primeira médica formada da América do Sul. Tinha apenas 21 anos e foi aceita na Universidade do Chile depois de uma mudança legal histórica que permitiu o ingresso feminino.

Em vez de seguir carreira privada, Eloísa escolheu trabalhar com saúde pública e educação sanitária. Implantou campanhas de vacinação em escolas, programas de nutrição infantil e controle do alcoolismo. Criou serviços médicos escolares e defendia que as crianças deviam aprender higiene, anatomia e bons hábitos desde cedo.

Foi homenageada em vida em congressos internacionais e, hoje, dá nome a escolas, hospitais e praças. Com uma postura ética e visionária, ela transformou o cuidado com a infância em política pública. Foi um farol feminino num século que insistiu em negar espaço às mulheres.

Marie Curie

(1867-1934)

Duas vezes Prêmio Nobel em física e química, é considerada a mãe da radioterapia moderna por seus estudos em radiotividade

"Nada na vida deve ser temido, somente compreendido. Agora é hora de compreender mais para temer menos"

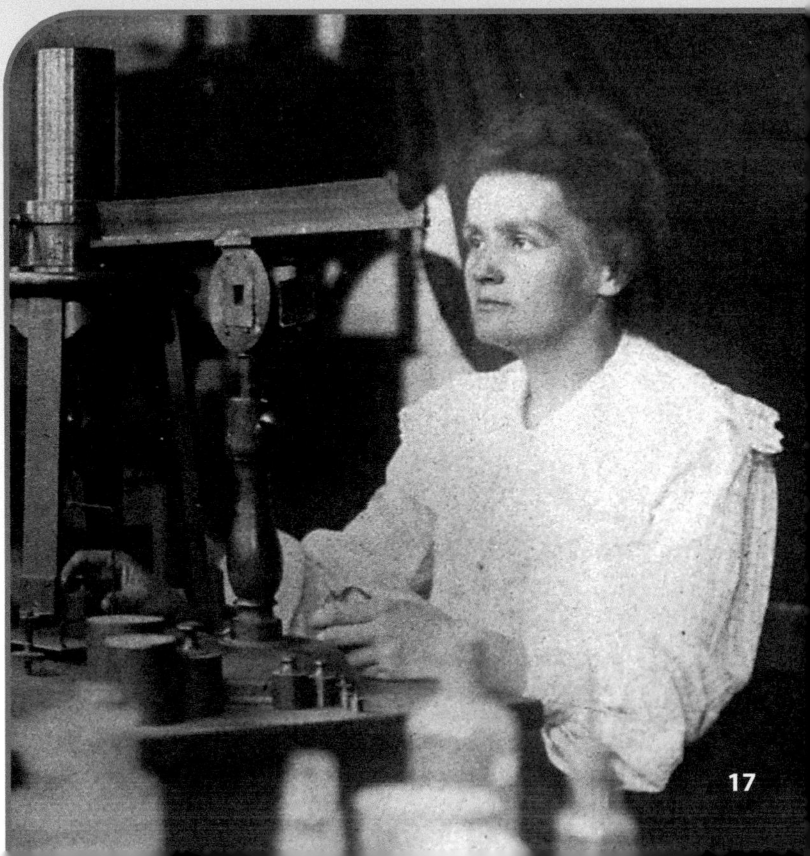

Marie Curie nasceu Maria Skłodowska, em 1867, na Polônia ocupada pela Rússia, e desde cedo aprendeu a resistir. Proibida de estudar formalmente por ser mulher, frequentou uma universidade clandestina, até conseguir se mudar para Paris. Lá, tornou-se a primeira mulher a lecionar na Sorbonne e a única pessoa, até hoje, a receber dois prêmios Nobel em áreas diferentes da ciência: Física (1903) e Química (1911).

Ao lado do marido, Pierre Curie, descobriu os elementos rádio e polônio e cunhou o termo "radioatividade". Mas foi com suas próprias mãos, muitas vezes em condições precárias, que isolou esses elementos e observou seus efeitos terapêuticos, um feito que pavimentaria o caminho para a radioterapia moderna.

Durante a Primeira Guerra Mundial, criou unidades móveis de raio-X, as "petites Curies", que ajudaram a salvar milhares de soldados feridos. Nunca patenteou suas descobertas. Recusou fama, fortuna e até mesmo a proteção que outros buscavam contra a radiação que, ironicamente, ceifaria sua vida.

Marie acreditava que a ciência devia estar a serviço da humanidade. E viveu com uma coragem silenciosa que ecoa até hoje nos corredores de hospitais e centros de pesquisa.

A História da Mulher na Medicina da América Latina

Aline Chaves Andrade
Graziela Zibetti Dal Molin
Karla Fabiane Siebra de Oliveira Maia
Larissa Muller Gomes
Marcela Bonalumi dos Santos
Maria Cristina Figueroa
Andrea Paiva Gadelha Guimarães

Introdução

Compreender a trajetória e a evolução da mulher na medicina na América Latina é, acima de tudo, fazer justiça à nossa história e reconhecer os desafios enfrentados e as conquistas obtidas ao longo dos anos. Este percurso é repleto de responsabilidades e obstáculos, especialmente num país latino-americano. Estas mulheres enfrentaram desafios com coragem e empatia, sentimentos profundamente conectados à riqueza cultural latina.

Nosso objetivo é apresentar uma narrativa inspiradora, rica em exemplos de superação e realizações extraordinárias de nossas antecessoras latino-americanas. Esperamos que, ao ler este capítulo, você embarque em uma reflexão sobre as jornadas de mulheres corajosas e determinadas que, ao longo das décadas, enfrentaram barreiras sociais e culturais, mas também abriram portas e criaram oportunidades para muitas outras. Por fim, desejamos que nosso passado e presente sirvam de inspiração para um futuro mais igualitário, humanizado e justo para todos neste belo continente.

Panorama Histórico antes do século XX

Ao final do século XIX, o protagonismo no poder era exclusivamente masculino. As mulheres não tinham emancipação jurídica, política ou civil e, quando casadas, precisavam do consentimento do marido para administrar seus bens. Nesse contexto, existia um modelo feminino rígido, que determinava as atividades das mulheres conforme sua condição econômica: as da elite lideravam entidades de beneficência, as de classe média e em decadência atuavam no magistério, enquanto as de classe baixa dedicavam-se a trabalhos artesanais e domésticos.

No entanto, desafiando esse cenário, Eloísa Díaz, em 1880, tornou-se a primeira mulher na América Latina a cursar medicina e a primeira médica cirurgiã no Chile. Com apenas 15 anos, foi admitida na Escola de Medicina da Universidade do Chile, após uma autorização especial do Ministro da Educação, num período em que as mulheres nem sequer podiam votar. Ao se formar em 1887, Díaz tornou-se a primeira médica da América Latina, destacando-se na promoção da saúde infantil e na medicina preventiva. Sua presença no curso de medicina foi um marco, abrindo portas para outras mulheres.[1,2]

Na Argentina, Cecilia Grierson foi a primeira mulher a se graduar como médica em 1889, enfrentando adversidades, mas abrindo caminho para que mais mulheres seguissem na medicina. Ela reconheceu que, como mulher pioneira, era improvável lhe ser oferecida uma posição de liderança, mas ainda assim perseverou, contribuindo para o crescimento constante do número de médicas.[3,4]

Entre 1860 e 1930, a imigração europeia trouxe mudanças significativas à sociedade, gradualmente permitindo que mulheres tivessem acesso ao ensino superior. Maria Teresa Ferrari foi uma das pioneiras como professora de medicina na Argentina, em 1927, lutando por direitos e inclusão das mulheres na carreira médica. Sua dedicação à pesquisa e ao ensino elevou o papel das mulheres na medicina argentina, inspirando e fortalecendo a luta pela igualdade de gêneros na saúde.[5]

Panorama Histórico do século XX

Desde as primeiras décadas do século XX, a entrada de mulheres em cursos de medicina na América Latina expandiu-se de forma consistente, com várias pioneiras marcando presença em seus países.[6] As médicas Eloísa Díaz (Chile, primeira médica graduada em 1887) e Ernestina Pérez Barahona (Chile, segunda, também em 1887) foram precursoras e abriram novos caminhos. A argentina María Teresa Ferrari tornou-se a primeira professora universitária de medicina na região, inovando na ginecologia e fundando serviços acadêmicos pioneiros entre as décadas de 1920 e 1930. Em 1929, a boliviana Amelia Chopitea Villa representou a América do Sul em um congresso internacional de médicas e foi reconhecida como cirurgiã líder em sua nação.[6]

Durante os anos 1930 e 1940, redes internacionais como a *Medical Women's International Association* atuaram como catalisadoras da identidade profissional feminina na medicina latino-americana, e até 1960 surgiram associações médicas femininas em países como Chile (1938), Cuba (anos 1940), Argentina, Brasil, Colômbia e Peru (década de 1960). Essas organizações ajudaram as médicas a afirmarem uma identidade autônoma no campo médico, promovendo intercâmbios e solidariedade entre profissionais.[7]

No plano institucional, a medicina social ganhou impulso com médicos progressistas que se envolveram com políticas públicas sobre nutrição, saúde escolar e segurança social, destacando-se a participação feminina nesses processos nos anos 1930 e 1940 no Chile e Argentina.[8] A partir de meados do século XX, com quase todos os países latino-americanos já permitindo matrícula feminina em escolas médicas, o número de graduadas aumentou significativamente nos anos 1950 e 1960.[8]

Em paralelo, novas lideranças femininas surgiram em ministérios de saúde: em 1969, pela primeira vez uma mulher foi nomeada ministra da Saúde (na Bolívia), ainda que apenas a partir de 2021 menos de 25 % desses cargos tenham sido ocupados por mulheres na região.[6] Mesmo com maior presença feminina na formação médica, academias nacionais de medicina permanecem dominadas por homens: em países como

Argentina, Chile e México, pouco mais de 10 % a 20 % dos membros ativos são mulheres, sem nenhuma presidência feminina até hoje.[6,8]

Ao longo das décadas seguintes, especialmente nas décadas de 1980-1990, a eficácia da feminização da medicina se intensificou: em várias nações latino-americanas, as mulheres passaram a compor mais da metade das turmas de medicina. Isso refletiu também no aumento da participação feminina em redes acadêmicas regionais, especialmente em temáticas de relevância local e saúde comunitária.[9]

Mesmo assim, o avanço não foi uniforme. Até fins do século XX, muitas mulheres continuavam concentradas em especialidades consideradas "femininas" (como ginecologia e pediatria), com menor presença em cirurgia e outras áreas.[6] No meio acadêmico, poucas atingiam cargos de liderança como decanato ou presidência de associações científicas.[6]

Ainda no final do século XX, iniciativas regionais começaram a reivindicar políticas institucionais para equidade de gênero, mentorias e observatórios para monitoramento feminino em liderança médica.[6] Esses movimentos deram base ao que viria a ser a proposta de estruturas formais de acompanhamento no século XXI, como o futuro observatório regional de equidade em saúde.[6]

Com o início do século XXI, os efeitos da feminilização da profissão médica tornaram-se ainda mais visíveis. Em países como Uruguai, Colômbia, Costa Rica e Panamá, as mulheres passaram a representar mais de 60 % dos estudantes de medicina e alcançaram maior presença também no corpo docente universitário, embora as posições mais altas da hierarquia acadêmica continuem predominantemente masculinas.[10] Além disso, houve uma ampliação expressiva da participação feminina em pesquisa clínica e em redes científicas regionais, especialmente na área de saúde pública, ginecologia e doenças infecciosas. Em conferências latino-americanas de saúde e medicina, o número de mulheres palestrantes aumentou consideravelmente entre 2000 e 2020, refletindo o esforço de promoção da diversidade por parte das sociedades médicas.[10]

Também foram criadas redes regionais voltadas ao fortalecimento da mulher na ciência médica, como a *Red de Mujeres Científicas de*

América Latina y el Caribe, que promove mentorias, publicações colaborativas e monitoramento de indicadores de gênero nas instituições.[9] Essas redes têm sido fundamentais para garantir visibilidade às mulheres médicas e cientistas em países com menos acesso a recursos ou representação institucional.

Na esfera política, médicas passaram a ocupar ministérios da saúde e secretarias técnicas em países como Chile, Argentina, Bolívia e México, liderando estratégias de combate à desigualdade em saúde e ao subfinanciamento do sistema público.[9] Durante a pandemia de COVID-19, a atuação de lideranças médicas femininas foi amplamente reconhecida na condução de políticas de saúde baseadas em ciência e equidade.[10]

Por fim, as últimas duas décadas também assistiram à consolidação de políticas institucionais de promoção da equidade de gênero em diversas universidades, conselhos profissionais e hospitais. Algumas faculdades de medicina implementaram critérios de avaliação com métricas de paridade de gênero para concursos docentes e financiamento à pesquisa.[10] Embora as desigualdades estruturais ainda persistam, o período que se inicia no final do século XX e avança pelo século XXI marca uma transformação substancial no lugar das mulheres na medicina latino-americana. Mais do que presença numérica, há uma luta por reconhecimento, liderança e justiça de gênero que molda o presente e o futuro da profissão.

Desafios enfrentados: barreiras sociais em diferentes países latinos e exemplos de discriminação e como foram superados ao longo dos anos

Historicamente, a inserção das mulheres na medicina latino-americana foi marcada por barreiras estruturais associadas à desigualdade de gênero, à predominância de modelos sociais excludentes e ao limitado acesso à educação formal. Embora cada país latino-americano tenha particularidades em sua trajetória, muitos elementos comuns são observados, como a resistência institucional ao ingresso feminino nas universidades, a estigmatização do papel da mulher médica e sua exclusão das estruturas de poder.

Embora as primeiras admissões formais de mulheres em cursos de medicina na América Latina tenham ocorrido no final do século XIX, esse avanço representou apenas o início de um processo lento e desigual de inserção feminina no campo médico. Diversas universidades da região impuseram, ao longo dos séculos XIX e XX, restrições explícitas ou barreiras veladas ao ingresso de mulheres, que muitas vezes precisaram recorrer a autorizações excepcionais ou enfrentar longos embates administrativos para garantir seu direito à formação. Em países como México, Argentina e Chile, o acesso só foi oficializado diante de pressões sociais e mobilizações individuais, sem que houvesse, de fato, uma transformação institucional no sentido da equidade.[11,12,13]

Mesmo após superarem os obstáculos formais de entrada, as mulheres continuavam a enfrentar forte resistência por parte de familiares, professores e colegas. A prática médica era amplamente associada a atributos considerados masculinos e as estudantes que ousavam contrariar esse imaginário eram frequentemente deslegitimadas ou ridicularizadas. O ambiente acadêmico e profissional tornava-se, assim, um espaço hostil, onde a permanência e o reconhecimento dependiam de esforços contínuos de afirmação.[14]

Após a graduação, os obstáculos persistiam. Muitas médicas recém-formadas eram direcionadas exclusivamente para especialidades consideradas "adequadas" ao sexo feminino, como ginecologia, obstetrícia e pediatria. O direcionamento ocorria por diversos mecanismos formais e informais: professores e chefes de serviço frequentemente as dissuadiam de escolher especialidades "masculinas", como cirurgia ou clínica médica, sob o argumento de que tais áreas exigiam força física, disponibilidade integral e resistência emocional — características que lhes eram culturalmente negadas. Em alguns casos, as próprias instituições limitavam o número de vagas femininas em programas de residência, ou simplesmente não admitiam mulheres em determinados serviços. Essa exclusão podia ocorrer por meio da negação de cartas de recomendação, recusa em entrevistas, ausência de infraestrutura adequada (como alojamentos para mulheres), ou pela hostilidade aberta em ambientes tradicionalmente masculinos. Como resultado, o acesso a estágios, especializações e cargos acadêmicos era severamente restringido, o que reforçava sua marginalização no campo profissional e institucional.[15,16,17]

A limitação do acesso das médicas a determinadas especialidades, estágios e espaços de formação avançada resultava, por consequência, na exclusão quase sistemática dos cargos de liderança nas universidades, hospitais e conselhos médicos. A falta de representatividade feminina nesses espaços de decisão perpetuava o cenário de desigualdade e impedia o avanço de políticas inclusivas que poderiam beneficiar as gerações seguintes. Além disso, a ausência de modelos femininos em posições de destaque mantinha a invisibilidade histórica das contribuições das mulheres para a medicina. Em muitos contextos, as que conseguiam avançar na carreira o faziam por meio de resistência individual, enfrentando duplo julgamento: tanto pela sua atuação profissional quanto por desafiarem as expectativas tradicionais de gênero.

Apesar dessas adversidades, algumas mulheres conseguiram, com esforço individual e enfrentando resistência institucional explícita, romper as barreiras impostas e abrir caminho em contextos profundamente hostis. No Chile, por exemplo, a trajetória de Eloísa Díaz, primeira médica da América Latina — formada em 1887 pela Universidad de Chile — exemplifica a capacidade de superação frente à exclusão: sua admissão foi duramente contestada publicamente por ser mulher, inclusive por professores, e só se concretizou após intenso debate político e acadêmico.[18] No México, Matilde Montoya enfrentou resistência por parte do próprio governo federal para validar sua formação médica, sendo necessário recorrer à intervenção presidencial para que obtivesse o reconhecimento oficial do diploma.[19] Esses episódios ilustram como o acesso à profissão médica, para as primeiras mulheres, dependia não apenas de mérito acadêmico, mas de enfrentamento direto às estruturas de poder vigentes.

Em contextos marcados por instabilidade política e regimes autoritários, como na Argentina ao longo da segunda metade do século XX, as médicas enfrentaram não apenas os desafios usuais da profissão, mas também formas específicas de repressão institucional e violência ideológica. A repressão institucional se manifestava na vigilância exercida por agentes do Estado dentro de hospitais e universidades, na censura de discursos que abordavam saúde sexual, direitos reprodutivos ou desigualdades sociais, e até na perseguição direta a profissionais considerados politicamente "subversivos". Já a violência ideológica ocorria por meio da imposição de valores conservadores e autoritários sobre a prática médica, com a deslegitimação de abordagens humanistas ou críticas à ordem vigente. Algumas médicas atuaram diretamente na denúncia de violações de direitos humanos e na assistência a mulheres perseguidas pelo regime, articulando o cuidado médico com a militância política. Muitas integraram movimentos sociais, como as Madres de Plaza de Mayo, e contribuíram para práticas médicas fundamentadas na escuta, na dignidade e na defesa da vida.[20] Esse engajamento, frequentemente apagado pela historiografia oficial, representou uma forma de resistência ética e profissional diante de um aparato estatal repressivo e ideologicamente controlador.

Nos países da América Central e do Caribe, os obstáculos à atuação feminina na medicina eram agravados por marcadores de raça e etnia. Médicas negras e indígenas enfrentavam dupla exclusão — por serem mulheres e por pertencerem a grupos historicamente marginalizados. Em Cuba e na República Dominicana, estudos históricos e relatos biográficos documentam como essas profissionais foram frequentemente desencorajadas a ingressar em cursos superiores, enfrentaram dificuldades para conseguir bolsas de estudo e acesso a hospitais de ensino, e eram preteridas em seleções para cargos públicos ou acadêmicos.[21,22] Muitas relataram episódios de discriminação direta, como serem orientadas a não se inscreverem em determinadas especialidades ou serem alocadas em serviços precários, geralmente em comunidades negligenciadas pelo sistema de saúde. Ainda assim, algumas conseguiram se afirmar profissionalmente, articulando práticas médicas com o ativismo comunitário e racial. Suas trajetórias evidenciam que, para muitas mulheres latino-americanas, os desafios na medicina não se restringiram à questão de gênero, mas envolveram também a luta contra estruturas profundamente racializadas e hierarquizadas.

A partir da segunda metade do século XX, especialmente após as conferências internacionais da ONU sobre mulheres — realizadas na Cidade do México (1975), em Nairóbi (1985) e em Pequim (1995) —, os movimentos feministas da América Latina passaram a ter maior presença nos espaços de articulação política global. Nesses fóruns, lideranças femininas da região trouxeram à tona as desigualdades vividas por mulheres nos campos da saúde, educação e trabalho, pressionando por medidas concretas de equidade de gênero. Em resposta a essas demandas, diversos organismos multilaterais — instituições compostas por múltiplos países, como a Organização Pan-Americana da Saúde (OPAS) e, posteriormente, a ONU Mulheres — passaram a incorporar a pauta da equidade de gênero em suas estratégias regionais e globais.[23,24]

No campo da saúde, essas instituições promoveram políticas públicas voltadas à inclusão das mulheres nas profissões sanitárias, com ênfase na medicina. Entre essas iniciativas, destacam-se a criação de observatórios de gênero na saúde, o incentivo à coleta e análise de dados desagregados por sexo, o desenvolvimento de indicadores de equidade, e a formulação de ações afirmativas em programas de formação e capacitação profissional.[23,24] Também foram apoiadas redes de mulheres profissionais da saúde, com foco em liderança, mentorias, enfrentamento ao assédio e combate à desigualdade salarial. Embora tais ações tenham contribuído para ampliar significativamente a presença feminina na medicina em diversos países latino-americanos, os desafios estruturais ainda persistem — especialmente nas periferias, nas especialidades de maior prestígio e nos cargos de liderança.

Reconhecer as barreiras enfrentadas pelas mulheres na medicina latino-americana é essencial para compreender os obstáculos que ainda persistem e para construir caminhos mais equitativos. Ao longo da história, médicas latino-americanas enfrentaram e, em muitos casos, superaram desafios significativos, como o acesso restrito às escolas médicas, a resistência institucional à sua formação, a exclusão de especialidades consideradas masculinas, a negação de oportunidades acadêmicas e científicas, a falta de representatividade em cargos de liderança, e a deslegitimação social de sua autoridade profissional. A superação dessas barreiras se deu por meio de resistência individual, mobilização coletiva e articulação com movimentos feministas e entidades internacionais.

Essas conquistas pavimentaram o caminho para transformações importantes na profissão médica, embora ainda reste um longo percurso. Ao considerar fatores como classe, raça e etnia, a análise dessas trajetórias revela as múltiplas camadas de desigualdade que atravessam o exercício da medicina na América Latina e reforça a necessidade de ações estruturais e interseccionais para alcançar a verdadeira equidade.

Conquistas e avanços - pioneiras que abriram caminho para as gerações, instituições e associações que promoveram avanço feminino na profissão médica

A presença da mulher na medicina latino-americana é marcada por lutas silenciosas e conquistas expressivas. Em uma região historicamente dominada por estruturas patriarcais, a inserção feminina na prática médica não ocorreu de forma homogênea, mas por meio de trajetórias corajosas, protagonizadas por pioneiras que desafiaram estigmas sociais, limitações acadêmicas e barreiras institucionais. Este capítulo traz à luz algumas dessas mulheres notáveis, bem como as instituições que se tornaram fundamentais na promoção da igualdade de gênero na medicina nos países da América Latina, excluindo o Brasil.[25,26,27]

No México, a primeira mulher a obter o título de médica foi Matilde Montoya, em 1887. Enfrentando resistência da própria sociedade médica e da Igreja, Montoya foi autorizada a colar grau apenas após uma intervenção direta do presidente Porfirio Díaz. Sua conquista não foi apenas simbólica: ela abriu caminho para a institucionalização da presença feminina no ensino médico mexicano e é hoje símbolo de perseverança. Sua história inspirou, décadas depois, a criação de grupos de apoio como a Asociación Mexicana de Médicas, que atua no apoio à liderança feminina e na promoção de políticas públicas inclusivas na área da saúde.[27,28]

Na Argentina, o avanço feminino na medicina foi impulsionado por Cecilia Grierson, a primeira mulher médica do país, formada em 1889. Além de sua prática clínica, Grierson destacou-se pela militância em favor dos direitos das mulheres, fundando a Sociedad Argentina de Primeros Auxilios e contribuindo com reformas na educação médica. Sua atuação influenciou diretamente a criação de espaços acadêmicos mais abertos às mulheres, como a gradual aceitação feminina nas faculdades de medicina de Buenos Aires e Córdoba, ainda no início do século XX. Instituições como a Federación Argentina de Sociedades de Ginecología y Obstetricia também passaram a incorporar a equidade de gênero em sua agenda institucional, com programas de capacitação e promoção de carreiras para médicas jovens.[9]

No Peru, destaca-se Laura Rodríguez Dulanto, a primeira médica do país, formada em 1900. Atuante em medicina geral e obstetrícia, Rodríguez tornou-se símbolo da resistência feminina ao machismo estrutural universitário. Sua trajetória influenciou movimentos femininos e, mais tarde, foi homenageada na fundação da Red Peruana de Mujeres Científicas, que tem incentivado a presença de mulheres em especialidades médicas historicamente masculinas, como a oncologia, a cirurgia e a medicina intensiva.[29,30]

Na Colômbia, a história de Virginia Gutiérrez de Pineda, antropóloga médica e referência nos estudos sobre saúde e cultura, marca a união entre medicina, ciências sociais e direitos das mulheres. Embora não fosse médica de formação, sua contribuição à compreensão do papel da mulher no cuidado e no sistema de saúde foi fundamental para a inclusão de gênero nas políticas médicas do país. A Asociación Colombiana de Mujeres Médicas, fundada posteriormente, herdou esse legado e passou a promover ações de mentorias, publicações científicas lideradas por mulheres e campanhas de sensibilização sobre assédio no ambiente hospitalar.

Já no Chile, a primeira médica formada foi Eloísa Díaz Insunza, em 1887, que não apenas quebrou paradigmas como se tornou a primeira mulher diretora de serviços médicos escolares da América Latina. Sua atuação em saúde pública foi inovadora e influenciou a implementação de políticas de vacinação e nutrição nas escolas. Sua figura histórica impulsionou a criação da Red de Médicas Chilenas, que hoje atua na defesa dos direitos reprodutivos, equidade salarial e acesso igualitário a cargos de liderança em hospitais e universidades.[31,32]

Além das figuras individuais, é importante reconhecer o papel de organizações transnacionais como a Federación Latinoamericana de Sociedades Científicas de Estudiantes de Medicina (FELSOCEM) e, mais recentemente, a Red de Mujeres Líderes en Salud de América Latina, que promovem intercâmbio científico, incentivo à liderança e programas de equidade de gênero voltados à prática médica.[33]

Essas histórias refletem a interseção entre resistência, competência e solidariedade institucional. As conquistas das pioneiras não se limitam ao acesso à formação médica, mas se estendem à construção de espaços institucionais duradouros que garantem, hoje, que milhares de médicas possam atuar, liderar e transformar a medicina latino-americana com equidade, representatividade e excelência.

Impacto atual e futuro: estatísticas, cargos ocupados e perspectivas para as mulheres na profissão

As mulheres médicas da América Latina estão bem representadas numericamente, mas ainda enfrentam uma lacuna ao acessar posições de liderança institucional e acadêmica, estas bastante desproporcionais ao espaço que ocupam no mercado de trabalho. Dados de 2019 publicados em uma análise da Lancet Regional Health Américas, mostram que mais de 50% dos médicos na América Latina e Caribe eram mulheres, no entanto, essa presença majoritária ainda não se traduz em igualdade no poder ou decisões estratégicas.[6] Apesar da feminização da medicina, as mulheres ocupam apenas entre 8% e 25% dos cargos de liderança em instituições hospitalares, inclusive nos ministérios da saúde.[34]

Segundo dados da Organização Mundial de Saúde, as mulheres representam aproximadamente 70 % da força de trabalho em saúde globalmente e apenas 25 % dos postos de liderança sênior,[35] além de corresponderem a apenas 30% dos pesquisadores mundialmente.

No contexto da liderança acadêmica e institucional na classe médica, a despeito da maior presença feminina nas escolas de medicina, as lideranças acadêmicas continuam dominadas por homens. Os cargos mais altos (decanos, reitores, chefias) raramente são ocupados por mulheres, limitando modelos e *mentoring* para profissionais mais jovens do gênero feminino.[6] Um estudo realizado em uma escola médica na América Latina mostrou significativas disparidades de gênero referente à oportunidades na carreira acadêmica, com 64,5% das candidaturas a projetos lideradas por homens, que também dominaram publicações, reconhecimento e posições de liderança, com as mulheres ocupando menos de 30% dessas funções.[36]

Avaliando as estatísticas de acordo com os dados de cada país, a tendência de sub-representação das mulheres nos cargos de liderança em medicina se mantém de forma linear, como nos exemplos a seguir:

Na Argentina, desde 2019, mulheres médicas são maioria no total de profissionais, mas a liderança, como chefia de ministérios, universidades e hospitais permanece dominada por homens; no Uruguai, os dados indicam que mulheres ainda têm papel limitado nos cargos mais altos da burocracia e saúde pública; no Chile, onde a feminilização na educação e trabalho clínico é consistente e cerca de 72 % das graduadas em medicina são mulheres, a presença feminina em cargos decisórios e de gestão continua abaixo do ideal; no México, a presença feminina na medicina aumentou dramaticamente, mas a ocupação de cargos de direção, especialmente ministros de saúde e reitores, continua abaixo de 25%.[6]

Analisando informações disponíveis sobre algumas áreas médicas e especialidades, segundo dados de plataformas profissionais, como o LinkedIn, na América Latina as mulheres médicas já compõem mais de 60 % dos pediatras e psiquiatras, 70 % dos radiologistas e 80 % dos dermatologistas em atuação. Entretanto, especialidades cirúrgicas e ortopédicas ainda são predominantemente masculinas e têm crescimento mais lento da participação feminina.

Quanto ao quesito remuneração, as estatísticas das disparidades são alarmantes. Segundo a Organização Mundial da Saúde (OMS) e a

Organização Internacional do Trabalho (OIT), o setor da saúde apresenta uma das maiores disparidades salariais de gênero entre todas as áreas profissionais. Em média, mulheres na saúde ganham 24% menos que os homens globalmente. Mesmo após ajustar para ocupação, carga horária, formação e experiência, ainda persiste uma diferença de cerca de 11% não explicada, atribuída possivelmente a discriminação de gênero, direta ou indireta. Especificamente na América Latina e Caribe, estudos como o relatório conjunto "The Gender Pay Gap in the Health and Care Sector" (OMS/OIT, 2022) indicam que a diferença salarial não ajustada varia entre 26% e 29% em países latino-americanos cujos dados são disponíveis, e mesmo quando as mulheres têm nível educacional semelhante ou superior, ainda recebem menos. Importa destacar ainda que as disparidades aumentam com o avanço na hierarquia, visto que quanto mais alto o cargo, maior a diferença salarial entre homens e mulheres.[37]

Elevando o olhar rumo ao futuro, as perspectivas podem ser mais promissoras. A tendência de feminização continua sendo forte, considerando que mais mulheres ingressam nas escolas médicas e começam a dominar a força de trabalho em saúde, o que pode se converter em maior presença feminina em posições clínicas sêniores no médio prazo.

Esta perspectiva de futuro está diretamente associada a implementações de medidas voltadas para a equidade de gênero na carreira médica. Alguns exemplos práticos de ações com impacto positivo neste cenário incluem implantar observatórios regionais para monitorar paridade de gênero na liderança médica, adotar metas claras de equidade, processos de seleção transparentes e políticas de promoção baseadas na qualificação profissional, além de estabelecer programas estruturados de mentoria, treinamentos de liderança e medidas institucionais de apoio à maternidade e condições laborais mais flexíveis.

Alguns movimentos de avanço em políticas de inclusão foram iniciados, a exemplo do Equador, onde políticas recentes, como a Lei de Economia Violeta (2023) estabelecem licenças e jornadas flexíveis para mulheres, que embora voltadas ao mercado de trabalho geral, refletem avanços na inclusão feminina que também beneficiam as médicas.

Conclusão

A trajetória das mulheres na medicina latino-americana é, antes de tudo, uma história de resistência, competência e transformação social. Das pioneiras que desafiaram as convenções do século XIX às líderes que hoje ocupam cargos estratégicos, essa caminhada foi marcada por barreiras persistentes, mas também por conquistas significativas que alteraram o cenário da saúde e da ciência na região.

O aumento expressivo da presença feminina na medicina representa mais do que uma mudança numérica: simboliza uma força coletiva capaz de moldar políticas públicas, inovar na prática clínica e construir ambientes mais inclusivos e equitativos. Ainda assim, a desigualdade no acesso a posições de liderança, a disparidade salarial e a concentração em determinadas especialidades revelam que a equidade plena permanece como um desafio urgente.

O futuro da medicina latino-americana depende de reconhecer e potencializar o protagonismo feminino, garantindo que talento e mérito sejam os critérios determinantes para ascensão profissional. Investir em políticas institucionais de equidade, programas de mentoria, valorização salarial justa e condições de trabalho compatíveis com a realidade das mulheres é não apenas uma questão de justiça, mas uma estratégia essencial para fortalecer os sistemas de saúde.

Ao honrar as histórias das que vieram antes e sustentar as lutas das que hoje ocupam este espaço, reafirmamos que a medicina se torna mais humana, inovadora e transformadora quando é plural. O caminho percorrido prova que as mulheres não apenas têm lugar na medicina, mas são indispensáveis para construir um futuro em que cuidado e excelência caminhem lado a lado.

Pontos Chaves

1. Histórico de resistência

   Desde o século XIX, mulheres latino-americanas romperam barreiras jurídicas, sociais e institucionais para ingressar e permanecer na medicina.

2. Pioneiras inspiradoras

   Figuras como Eloísa Díaz, Matilde Montoya, Cecilia Grierson e Laura Rodríguez Dulanto abriram caminhos para as gerações seguintes, aliando prática clínica, liderança e militância social.

3. Desafios persistentes

   A desigualdade de acesso a cargos de liderança, a disparidade salarial e a concentração em especialidades "femininas" ainda limitam o pleno protagonismo das médicas.

4. Avanços institucionais

   Redes, associações e políticas públicas regionais vêm promovendo equidade de gênero, mentorias e fortalecimento da presença feminina em áreas estratégicas.

5. Impacto atual

   As mulheres já representam a maioria dos médicos na América Latina, mas continuam sub-representadas nos espaços de poder e decisão.

6. Perspectivas futuras

   A consolidação de políticas de equidade, critérios transparentes de promoção e valorização salarial são fundamentais para garantir liderança feminina em todos os níveis da medicina.

7. Mensagem central

A pluralidade de vozes, experiências e lideranças femininas é indispensável para uma medicina mais humana, inovadora e comprometida com a justiça social.

Referências bibliográficas

1. Garrido Castellano M. Eloísa Díaz: pionera en la medicina chilena. Rev Méd Chile. 2010;138(2):200-205

2. Calvo S. Pioneiras latino-americanas na medicina. In: História da Medicina na América Latina. Ediciones Acadêmicas; 2009.

3 . Recalde HE. Señoras versus universitarias. Dos congresos feministas en tiempos del centenario. Todo es Historia 2005; 452: 30-43

4. Gallo ER. Periodismo y género. Nuestra Causa, una revista feminista (1919-1921). Todo es Historia 2005; 452: 46-52

5. Kohn Loncarica AG, Sánchez NI y Agüero AL. La contribución de las primeras médicas argentinas a la enseñanza universitaria. Anales de la Sociedad Científica Argentina 1998; 228 (2): 39-58.

6. Knaul FM, Arreola-Ornelas H, Essue BM, Nargund RS, García P, Acevedo Gómez US, Dhatt R, Calderón-Villarreal A, Yerramilli P, Langer A. The feminization of medicine in Latin America: 'More-the-merrier' will not beget gender equity or strengthen health systems. Lancet Reg Health Am. 2022;8:100201.

7. Ludi C. International Female Surgeon Pioneers. J Am Coll Surg. (dados históricos internacionais sobre cirurgiãs pioneiras, décadas 1930-1960).

8. Ortiz Gómez, Teresa; Delgado Sánchez, Ana; Sánchez, Dolores; Távora Rivero, Ana. Female professional identities and Spanish women doctors in late Francoism (1965-1978). In: Mujeres en la ciencia y la tecnología: Hispanoamérica y Europa, coordinado por María Luisa Rodríguez-Sala y Judith Zubieta García, México, UNAM, 2005, pp. 119-128.

Carter ED. Social medicine and international expert networks in Latin America, 1930-1945. Glob Public Health. 2019 Jun-Jul;14(6-7):791-802.

9. Red Peruana de Mujeres Científicas. [Internet]. Lima: RPMC; [cited 2025 Aug 4]. Available from: https://www.rpmc.org.pe

10. ONU Mujeres. Liderazgos femeninos en salud pública durante la pandemia [Internet]. 2022. Disponível em: https://www.unwomen.org/sites/default/files/Headquarters/Attachments/Sections/Library/Publications/2020/Policy-brief-COVID-19-and-womens-leadership-es.pdf.

11. UNESCO; OECD. Gender differences in education, skills and STEM careers in Latin America and the Caribbean [Internet]. 2025. Disponível em: https://www.oecd.org/en/publications/2025/05/gender-differences-in-education-skills-and-stem-careers-in-latin-america-and-the-caribbean_125d2445.html

12. Ríos AV. Las primeras médicas de América Latina: un recorrido histórico. Rev Hist Med. 2010;16(2):115–30.

13. Márquez A. Mujeres y Universidad en América Latina: un largo camino hacia la equidad. Educ y Soc. 2016;37(137):49–68.

14. Ramos S. Género y educación médica en América Latina: una historia de exclusión. Salud Colect. 2012;8(3):301–14.

15. López-Bonilla G. Mujeres en la medicina latinoamericana: discursos científicos y barreras de género (1890–1930). Hist Cienc Saude. 2011;18(3):643–60.

16. García M. Las médicas cubanas en el siglo XX: desafíos y logros. Rev Cubana Med Gen Integr. 2005;21(4):312–20.

17. Muñoz N. La mujer en la medicina peruana: historia de una lucha silenciosa. Rev Peru Med Exp Salud Publica. 2008;25(2):174–80.

18. Báez AA. Mujeres médicas y poder institucional en América Latina. FEM. 2003;31(1):15–21.

19. Cárdenas L. Eloísa Díaz y la apertura de la medicina a las mujeres en Chile. Rev Chil Hist Med. 2001;9(1):45–50.

20. Castellanos J. Matilde Montoya: pionera de la medicina mexicana. Med Hist Lat Am. 1997;4(2):221–34.

21. Beltrán L. Mujeres y medicina en contextos autoritarios: el caso argentino. Salud y Dictadura. 2015;2(1):33–44.

22. Domínguez C. Mujer y medicina en el Caribe: exclusión y resistencia. Carib Med J. 2010;72(3):150–7.

23. Pérez L. Médicas indígenas y afrodescendientes: luchas invisibles en América Central. Salud Pública Méx. 2013;55(1):22–7.

24. PAHO/WHO. Gender equality in health: A regional perspective. Washington, DC: Pan American Health Organization; 2014.

25. ONU Mujeres. Igualdad de género en el ámbito de la salud. Nueva York: Naciones Unidas; 2018.

26. López A. Matilde Montoya: la primera médica mexicana. Rev Fac Med UNAM. 2013;56(3):141–4.

27. Asociación Mexicana de Médicas [Internet]. Ciudad de México: AMM; [cited 2025 Aug 4]. Available from: https://www.ammedicas.org.mx

28. Maffía D. Cecilia Grierson: pionera del feminismo médico en Argentina. Cuadernos del Centro de Estudios de Género, Univ. de Buenos Aires. 2017.

29. Ministerio de Salud del Perú. Homenaje a Laura Rodríguez Dulanto, primera médica peruana [Internet]. Lima: MINSA; 2020 [cited 2025 Aug 4]. Available from: https://www.gob.pe/minsa

30. Cárdenas M. Virginia Gutiérrez de Pineda: antropología médica e impacto en la salud pública colombiana. Rev Colomb Antropol. 2012;48:121–36.

31. Asociación Colombiana de Mujeres Médicas. [Internet]. Bogotá: ACMM; [cited 2025 Aug 4]. Available from: https://www.acmm.org.co

32. Biblioteca Nacional de Chile. Eloísa Díaz Insunza: una vida por la medicina y la infancia [Internet]. Santiago: Archivo Nacional; [cited 2025 Aug 4]. Available from: https://www.bibliotecanacional.gob.cl

33. Red de Médicas Chilenas. Programas de liderazgo y equidad de género en salud 2021–2023. Comunicação institucional.

34. Federación Latinoamericana de Sociedades Científicas de Estudiantes de Medicina (FELSOCEM). [Internet]. Lima: FELSOCEM; [cited 2025 Aug 4]. Available from: https://www.felsocem.net

35. How Diverse Leadership Teams Boost Innovation. By Rocío Lorenzo, Nicole Voigt, Miki Tsusaka, Matt Krentz, and Katie Abouzahr. Article January 23, 2018. How Diverse Leadership Teams Boost Innovation

36. Celebrating women leaders in science and health. Disponível em: https://www.who.int/news-room/feature-stories/detail/celebrating-women-leaders-in-science-and-health?utm_source=chatgpt.com.

37. Rivera Mercado S, Zegers Vial MT, Rojas Sobarzo L, Bernales Silva M, Cárdenas Díaz A, Elgueta Le-Beuffe MF. Gender Gaps in Medical Academia: Situation Report from a Latin American Medical School. Univ Med. 2025;66. https://doi.org/1.0.11144/Javeriana.umed66.bgam

38. WHO & ILO. The gender pay gap in the health and care sector: a global analysis in the time of COVID-19. Geneva: World Health Organization; 2022.

Gerty Cori

(1896-1957)

Bioquímica austro-americana, foi pioneira do metabolismo da glicose

"Os momentos mais inesquecíveis da minha vida são aquelas raras vezes em que, depois de duro trabalho, aquilo que era obscuro e caótico aparece formando um claro e belo padrão"

Em 1947, quando **Gerty Cori** recebeu o Prêmio Nobel de Fisiologia ou Medicina, fez história como a primeira mulher a ganhar o prêmio nessa categoria, e a primeira americana a receber um Nobel em ciência.

Ao lado de seu marido, Carl Cori, descobriu o chamado "Ciclo de Cori", processo que explica como o corpo converte glicogênio em energia e o reconverte para reserva. Essa descoberta revolucionou o entendimento do metabolismo e ajudou a compreender doenças como o diabetes.

Mas seu caminho não foi simples. Sofreu preconceito institucional e foi durante anos impedida de assumir posições acadêmicas iguais às do marido. Persistiu. Trabalhou silenciosamente, com tenacidade e precisão.

Quando enfim teve acesso pleno ao laboratório, disse com ironia: "Não foi a luta por direitos. Foi só porque precisavam de mim."

Gerty faleceu aos 61 anos, vítima de uma doença rara no sangue, mas deixou um legado imortal: o de uma mulher que fez ciência no escuro e iluminou o funcionamento da vida celular.

Helen Brooke Taussig

(1898-1986)

Cardiologista pioneira, é considerada mãe da cardiologia pediátrica

"Suponho que nada me daria tanto prazer quanto ver o primeiro paciente mudar de azul para rosa na sala de cirurgia... bochechas rosadas brilhantes e lábios brilhantes"

Helen Taussig nasceu quase surda e enfrentou sexismo ao longo de toda a sua carreira. Mas nada disso a impediu de ouvir o que ninguém mais ouvia: os sussurros de corações infantis prestes a parar. Na década de 1940, ela começou a estudar a chamada "síndrome do bebê azul", condição causada por malformações cardíacas congênitas que impedia a oxigenação do sangue.

Teve uma ideia ousada: desviar o fluxo sanguíneo de forma artificial, conectando artérias para simular uma função cardíaca normal. Junto com Alfred Blalock e Vivien Thomas, realizou a primeira cirurgia bem-sucedida desse tipo.

O procedimento ficou conhecido como Blalock-Taussig Shunt e salvou milhares de vidas. Helen ainda contribuiu decisivamente para proibir o uso da talidomida nos Estados Unidos, quando ficou comprovado que o medicamento causava deformações em fetos.

Com olhos atentos e sensibilidade rara, Taussig deu à cardiologia infantil uma razão de ser, e à Medicina, uma nova forma de cuidar de corações frágeis.

A História da Mulher na Medicina do Brasil

3

Aline Lauda
Maria Ignez Braghiroli
Juliana Florinda
Luiza Dib

Introdução

Por muitos anos da história do Brasil, as mulheres foram tratadas como agentes passivos na sociedade, restritas a papéis domésticos e invisibilizadas nos registros oficiais. No entanto, mesmo diante dessas limitações, elas exerceram formas próprias de influência e contribuíram significativamente para o desenvolvimento histórico do país. A produção acadêmica dedicada às contribuições femininas na sociedade brasileira começou a se consolidar apenas nas últimas décadas, revelando trajetórias antes negligenciadas.[1]

Historicamente, o acesso à educação foi limitado para as mulheres latino-americanas, independentemente da classe social. Até o final do século XIX, a maioria das mulheres não sabia ler nem escrever. A luta contra o analfabetismo feminino e a valorização da educação tornaram-se pilares fundamentais do processo de emancipação da mulher, especialmente a partir do século XX, quando se observou uma ascensão progressiva de seu status social, político e econômico.[1]

Abordar a presença da mulher na Medicina no Brasil exige, portanto, compreender esse pano de fundo histórico. A literatura específica sobre médicas brasileiras e suas contribuições à sociedade ainda é escassa e, muitas vezes, restrita a algumas especialidades. Este capítulo busca justamente lançar luz sobre essas trajetórias, reconhecendo os desafios enfrentados e os avanços conquistados ao longo do tempo.

Os primeiros passos

Durante o século XIX, as oportunidades educacionais para mulheres eram restritas no Brasil e os cursos de Medicina oscilavam entre o elitismo e o conservadorismo. O ingresso feminino nas faculdades de Medicina era vetado por leis não escritas e por normas sociais que associavam a prática médica a uma suposta "natureza masculina". Ainda assim, o desejo de aprender, cuidar e exercer a profissão de médica levou algumas mulheres a desafiar o status quo, muitas vezes recorrendo ao exterior para perseguir seus sonhos. Muitas das primeiras médicas brasileiras formaram-se em países como os Estados Unidos, onde existiam escolas voltadas para a formação feminina em Medicina.[2]

Em 1875, com apenas 14 anos, Maria Augusta Generosa Estrela deixou o Rio de Janeiro rumo aos Estados Unidos para estudar Medicina — uma decisão ousada, inspirada pela leitura de um artigo no periódico *O Novo Mundo*, jornal brasileiro publicado em Nova Iorque, que relatava a trajetória de uma mulher americana recém-formada médica. Maria Estrela formou-se em 1881 pelo New York Medical College and Hospital for Women, onde foi oradora de uma turma composta por apenas quatro mulheres. Após realizar uma formação complementar em hospitais norte-americanos, retornou ao Brasil no ano seguinte, dedicando-se ao atendimento de mulheres e crianças, exercendo a profissão junto à farmácia de seu marido, no Rio de Janeiro.[3]

Poucos anos depois, em 1878, Josefa Águeda Felisbela Mercedes de Oliveira seguiu um caminho semelhante, também migrando para os Estados Unidos com o objetivo de estudar Medicina. Embora enfrentassem inúmeros obstáculos sociais e institucionais, essas pioneiras abriram caminho para outras brasileiras que, ainda antes do final do século XIX, passaram a frequentar as duas únicas escolas médicas existentes no país, localizadas no Rio de Janeiro e na Bahia.[3]

Entre essas figuras pioneiras, destaca-se Rita Lobato Velho Lopes — reconhecida como a primeira médica brasileira, a segunda da América Latina e a primeira mulher eleita vereadora no Rio Grande do Sul. Iniciou seus estudos na Escola de Medicina do Rio de Janeiro, mas transferiu-se para a da Bahia, onde era a única mulher matriculada, desafiando os rígidos padrões sociais de seu tempo.[3]

Apesar desses avanços isolados, a presença feminina na Medicina brasileira permaneceu incipiente por décadas. Em 1907, por exemplo, apenas seis mulheres estavam oficialmente matriculadas em cursos de Medicina em todo o território nacional. Naquele mesmo ano, nenhuma mulher ocupava cargos docentes em instituições de ensino superior como Medicina, direito ou engenharia. Foi somente em 1924 que uma mulher foi indicada para o corpo docente de uma escola profissional: Carlota Pereira de Queiroz, médica, educadora e futura primeira deputada federal do Brasil. Carlota também se tornou a primeira mulher a integrar a Academia Nacional de Medicina, representando uma ruptura simbólica com séculos de exclusão das mulheres do ensino superior e das profissões liberais.[3]

Essas trajetórias revelam não apenas coragem individual, mas também uma contestação ao discurso dominante que atribuía às mulheres um papel exclusivamente doméstico e "naturalmente" voltado ao cuidado. Ao desafiar essas normas, essas pioneiras não apenas abriram portas para futuras gerações, mas também iniciaram uma transformação profunda na composição de gênero da profissão médica no Brasil.

Foi somente a partir da década de 1970 que as faculdades de Medicina passaram a se tornar, de forma mais significativa, espaços de circulação feminina. Nas décadas de 1980 e 1990, esse movimento se intensificou de forma gradual, refletindo transformações sociais mais amplas no Brasil e no mundo. Já na primeira década do século

XXI, observou-se um crescimento ainda mais acelerado da presença de mulheres nos cursos de Medicina, culminando em um cenário no qual elas passaram a representar a maioria entre os estudantes e egressos da graduação médica. Essa inversão de hegemonia de gênero, antes inimaginável, traduz não apenas o êxito das lutas por equidade no acesso à educação, mas também a consolidação do protagonismo feminino na Medicina brasileira contemporânea.[4]

Consolidação da Presença Feminina

O século XX foi testemunha de uma transformação silenciosa, mas profunda, na Medicina brasileira: a passagem das mulheres de uma presença quase invisível para um protagonismo cada vez mais marcante.[5] No início desse século, o ingresso de uma brasileira em uma escola médica ainda causava espanto e comentários nos jornais.[6] Poucas décadas depois, mulheres estariam à frente de hospitais, liderando pesquisas e influenciando políticas de saúde. A história dessa consolidação é feita de pioneirismo, persistência e de uma constante negociação com as barreiras sociais e institucionais do seu tempo.

No alvorecer do século, a conquista de Rita Lobato Velho Lopes, formada em 1887 na Faculdade de Medicina da Bahia, continuava a inspirar, mas também revelava o quanto o caminho era árduo.[7] O acesso ao ensino superior feminino era restrito e, mesmo quando obtido, o ambiente acadêmico se mostrava predominantemente masculino e pouco acolhedor.[8] As médicas que se aventuravam nesse território precisavam provar, repetidas vezes, sua competência para serem levadas a sério.

A década de 1930 trouxe um sopro de mudança. Em 1932, o direito ao voto feminino foi conquistado no Brasil[9] e, dois anos depois, Carlota Pereira de Queirós tornava-se a primeira deputada federal.[10] Sua atuação na Assembleia Constituinte não apenas representava um avanço político, mas também simbolizava que mulheres poderiam ocupar espaços de decisão e moldar políticas públicas, inclusive na área da saúde.

Essa conquista ocorreu em um momento em que, nas salas de aula das faculdades de Medicina, as mulheres ainda eram franca minoria.

A partir da metade do século, a presença feminina começou a ganhar consistência. A criação de hospitais universitários e o fortalecimento de áreas como a saúde pública abriram novas frentes de atuação. Médicas passaram a ocupar postos não apenas em consultórios, mas também em campanhas de vacinação, maternidades, serviços de saúde mental e programas de atenção à infância.[11]

As décadas de 1970 e 1980 foram decisivas para a consolidação da presença feminina. A regulamentação da residência médica em 1977 estruturou um caminho formal de especialização, permitindo que mais mulheres se capacitassem em áreas de alta complexidade.[12] Poucos anos depois, a criação do Sistema Único de Saúde (SUS), garantido pela Constituição de 1988, ampliou o campo de trabalho para médicas em todo o país. A universalização do atendimento exigia profissionais em grande número e em diferentes regiões, abrindo oportunidades para que mulheres liderassem programas de atenção primária, saúde materno-infantil e campanhas nacionais de prevenção.[13]

Novos perfis, novas vozes

Se as primeiras médicas do século vinham, em geral, de famílias de elite e tinham que enfrentar barreiras explícitas de gênero, no final do século XX a realidade já mostrava outra face.[14] Com a expansão das universidades públicas e privadas, mais mulheres de diferentes classes sociais e origens regionais ingressaram na Medicina. A diversidade também começou a ganhar visibilidade, embora lentamente. O resgate da trajetória de Maria Odília Teixeira, formada em 1909 e considerada a primeira médica negra do Brasil, ajudou a iluminar um capítulo pouco contado da história: o das mulheres negras na Medicina, cujas contribuições foram por muito tempo invisibilizadas.[15]

Ao final do século XX, as mulheres já não eram uma minoria tímida nas faculdades de Medicina — em muitas turmas, já eram maioria. Mas a consolidação da presença feminina não se resumiu a números. O século testemunhou mulheres liderando pesquisas de ponta, dirigindo hospitais, criando modelos inovadores de atenção à saúde e rompendo barreiras em especialidades que antes lhes eram vetadas. De pioneiras isoladas, tornaram-se protagonistas em múltiplos cenários.[16] Essa trajetória pavimentou o caminho para que, no século XXI, brasileiras alcançassem cargos antes inimagináveis — como a presidência da Academia Nacional de Medicina, conquistada por Eliete Bouskela em 2023, mais de 190 anos após a fundação da instituição.[17]

O século XX, portanto, não foi apenas o período em que as mulheres entraram na Medicina brasileira. Foi o século em que elas se afirmaram como parte indispensável dela, moldando práticas, políticas e saberes, e deixando como legado uma profissão mais plural, mais humana e mais comprometida com a saúde de todos.

Panorama atual

No entanto, a despeito da presença bem estabelecida da mulher na Medicina, algumas especialidades seguem sendo majoritariamente constituídas por homens. Hoje, em diversas áreas, já existe um equilíbrio ou predominância de médicas — como Pediatria, Ginecologia/Obstetrícia e Medicina de Família. Em contrapartida, ainda existem especialidades com menor representatividade feminina, como Cirurgia Cardiovascular e Neurocirurgia.

De acordo com registro publicado pelo CFM em 2011, o perfil populacional dos médicos vem passando por uma transformação histórica: pela primeira vez, em 2009, entre os novos registros no Conselho Federal de Medicina, há mais mulheres que homens.[18] Dessa forma, e também pela primeira vez, dos médicos com 29 anos ou menos, em 2011, as mulheres eram maioria. Nessa faixa etária, dos 48.569 médicos, 53,31% eram mulheres e 46,69% homens. Quando comparado com o total de 10.799 profissionais com 70 anos ou mais, apenas 18,08% eram mulheres.

Ainda de acordo com essa publicação, dentre os especialistas titulados em atividade no país no momento do registro, 59,39% eram homens e 40,61% mulheres. Olhando especificamente para as 53 especialidades, 13 delas têm maioria de mulheres, o equivalente a 24,5%. Nas outras 40 especialidades, ou seja, 75,6% delas, os homens eram maioria. Se avaliadas as áreas consideradas básicas, mulheres são maioria em cinco das seis áreas: Pediatria (70,0%); Ginecologia e Obstetrícia (51,5%), Clínica Médica (54,2%), Medicina de Família (54,2%) e Medicina Preventiva (50,3%). O predomínio masculino, dentre as áreas básicas, é restrito à cirurgia geral.[18]

Por outro lado, os homens representam mais de 80% em 13 das 153 especialidades, incluindo nove das dez áreas de cirurgia. As seis áreas mais masculinas, onde os homens compõem 90,0% ou mais, são as de Cirurgia Cardiovascular (90,0%), do Aparelho Digestivo (91,4%), Torácica (93,5%) e Neurocirurgia (91,8%). Em Ortopedia e Traumatologia, os homens são 95,0% e em Urologia, 98,8%. A única exceção é a Cirurgia Pediátrica, onde os homens também dominam, mas com 67,5%.[18]

Dados semelhantes foram publicados pelo estudo Demografia Médica no Brasil 2023, resultado de Acordo de Cooperação Técnica entre a Universidade de São Paulo (USP) e a Associação Médica Brasileira (AMB).[19] De acordo com esta publicação, entre 2009 e 2022 o número de médicas passou de aproximadamente 133 mil para cerca de 260 mil, representando um aumento expressivo. No mesmo intervalo, o crescimento entre os médicos foi mais modesto, com elevação em torno de 43%. Para o período projetado de 2023 a 2035, estima-se que o contingente feminino aumente cerca de 118%, enquanto o masculino apresente crescimento estimado de 62%. Nesta projeção, estimava-se que as mulheres seriam maioria entre os médicos no Brasil a partir do ano de 2024.

Em relação a distribuição de gênero dentre as 55 especialidades médicas analisadas, os homens predominam em 36, enquanto as mulheres são maioria em 19.[19] Nas especialidades de Urologia, Ortopedia e Traumatologia e Neurocirurgia, a presença masculina segue acima de 90% dos especialistas — o que equivale, em termos de razão, a 33, 12 e 9 médicos para cada médica, respectivamente. Em outras nove especialidades, os homens correspondem a mais de 80% do total.[19] Em todas as áreas cirúrgicas, as mulheres estão em menor número, como ocorre na Cirurgia Geral, na qual representam menos de 25% dos especialistas. Por outro lado, a especialidade com maior participação feminina é a Dermatologia, com 8.236 médicas, correspondendo a 77,9% dos profissionais da área. Outras especialidades que seguem com elevada representatividade feminina incluem Pediatria (75,6%), Alergia e Imunologia e Endocrinologia e Metabologia, ambas com 72,1%. Em Ginecologia e Obstetrícia, Geriatria, Hematologia e Hemoterapia e Genética Médica, as mulheres representam pelo menos 60% dos especialistas. Já em Nutrologia, Medicina Física e Reabilitação e Gastroenterologia, a distribuição é proporcionalmente equilibrada entre os gêneros.[19]

Dessa forma, o panorama atual é de um processo histórico de transformação na Medicina Brasileira no que diz respeito à representatividade de gênero, onde em 2024/2025 pela primeira vez, as mulheres ultrapassaram numericamente os homens nessa profissão. Esse avanço é resultado de um movimento que vem se intensificando desde a década de 1990 e que se reflete também no perfil dos estudantes de Medicina — em 2023, 61,8% dos matriculados já eram mulheres. Apesar de representarem ligeira maioria no total de médicos, a distribuição por especialidade ainda revela desigualdades significativas.

As projeções indicam que a feminização da Medicina brasileira continuará a se acentuar. Entretanto persistem desigualdades além da distribuição entre as especialidades. No relatório da *Demografia Médica*, por exemplo, está descrito que as médicas, em média, recebem cerca de 64% da renda declarada pelos médicos homens, evidenciando disparidades salariais relevantes.[20] Outros pontos que merecem atenção são a necessidade de avançar na equidade de oportunidades e distribuição dos cargos de liderança, ao mesmo tempo em que se constrói um ambiente que favoreça o equilíbrio saudável entre vida profissional e pessoal.

A contribuição das médicas para a Medicina brasileira

A inserção das mulheres na Medicina brasileira é fruto de uma longa trajetória de enfrentamento às desigualdades de gênero, classe e raça. Desde o final do século XIX, médicas pioneiras desafiaram normas sociais e institucionais para ocupar espaços tradicionalmente masculinos e elitizados. Essas mulheres não apenas venceram obstáculos pessoais para exercer a profissão, como também deixaram marcas profundas na prática médica, na formação profissional e na defesa de uma Medicina mais acessível e humanizada. Entre essas trajetórias inspiradoras, destaca-se a de Maria Odília Teixeira, cuja atuação simboliza a interseccionalidade entre gênero e raça no contexto da Medicina brasileira.

A baiana Maria Odília Teixeira (1884-1970) foi uma das figuras mais notáveis da história da Medicina brasileira, sendo reconhecida como a primeira médica negra formada no Brasil e a primeira professora negra da Faculdade de Medicina da Bahia. Graduou-se em 1909, em um contexto marcado por intensas barreiras raciais e de gênero, que dificultavam o acesso de mulheres — sobretudo negras — ao ensino superior. Apesar das adversidades, destacou-se por sua competência e dedicação, tornando-se professora de Clínica Obstétrica, área em que desenvolveu significativa atuação docente e assistencial. Maria Odília foi pioneira não apenas por sua presença em espaços até então inacessíveis às mulheres negras, mas também por seu compromisso com a saúde da população carente e pela defesa da inserção de outras mulheres no meio acadêmico. Sua trajetória inspira reflexões sobre racismo estrutural, desigualdade de gênero e a luta por equidade no acesso à educação e à Medicina no Brasil. Sua história, ainda pouco conhecida nos currículos tradicionais, representa um marco da resistência e da excelência profissional na história da Medicina nacional.[21]

A primeira médica cirurgiã do Brasil foi Rita Lobato Velho Lopes (1866-1954). Ela se formou em Medicina em 1887 pela Faculdade de Medicina da Bahia, tornando-se não apenas uma das primeiras médicas do país, mas a primeira mulher a realizar cirurgias no Brasil. Rita Lobato enfrentou forte resistência em uma época em que o ingresso de mulheres nas faculdades de Medicina era raro e cercado de preconceitos. Ao longo da carreira, atuou em cirurgia e ginecologia, além de exercer papel ativo na saúde pública e na defesa do acesso das mulheres ao ensino superior. Sua trajetória abriu caminho para a presença feminina em especialidades cirúrgicas e inspirou gerações de médicas brasileiras.[22]

Nas últimas décadas, as médicas brasileiras protagonizaram transformações profundas na prática, na pesquisa, na gestão e na humanização da Medicina. Ao superarem as barreiras históricas de gênero que limitaram o acesso feminino ao ensino superior e às profissões científicas, essas profissionais não apenas ocuparam seu espaço nas instituições de saúde, como também inovaram e redefiniram o cuidado médico no Brasil. Suas contribuições se estendem por diversas especialidades, com impacto direto na saúde da população e na formação de novas gerações de profissionais.

Um dos exemplos mais emblemáticos é o da psiquiatra Nise da Silveira, cuja trajetória revolucionou o entendimento do tratamento de transtornos mentais no Brasil. Formada em Medicina na década de 1920, Nise defendeu abordagens humanizadas para o cuidado em saúde mental, em oposição às práticas repressivas da época, como eletrochoque e lobotomia. Ao fundar a *Casa das Palmeiras*, um centro terapêutico voltado à reintegração social de pacientes psiquiátricos, ela introduziu a arte como ferramenta de expressão e reabilitação, abrindo caminho para a chamada psiquiatria afetiva. Sua atuação foi decisiva para colocar o Brasil no mapa das práticas terapêuticas inovadoras e influenciou diretamente a reforma psiquiátrica brasileira.[23]

Também merece destaque a atuação de Carlota Pereira de Queirós, primeira médica a exercer mandato como deputada federal no Brasil. Eleita em 1934, participou da Assembleia Constituinte e defendeu políticas públicas voltadas à saúde da mulher e da criança. Fundadora da Academia Brasileira de Mulheres Médicas, Carlota exerceu influência política e institucional importante para abrir caminhos para outras mulheres na Medicina.[24]

Outra figura fundamental na história da saúde pública brasileira é a pediatra Zilda Arns Neumann, conhecida por sua atuação na criação da *Pastoral da Criança*, uma rede de apoio comunitário que transformou radicalmente os indicadores de mortalidade infantil no Brasil. A partir da década de 1980, Zilda mobilizou agentes de saúde em comunidades vulneráveis, disseminando práticas simples, como o uso do soro caseiro para prevenção da desidratação por diarreia, que salvaram milhares de vidas. Sua metodologia de atuação com base no voluntariado e na educação em saúde tornou-se modelo internacional, sendo reconhecida por organismos como a ONU e a OMS.[25]

No campo das doenças infecciosas, destaca-se também o trabalho da médica dermatologista Valéria Petri, professora da Universidade Federal de São Paulo. Em 1982, foi Valéria quem fez o primeiro diagnóstico de AIDS no Brasil, ao correlacionar manifestações dermatológicas características com o novo quadro clínico descrito nos Estados Unidos. Sua sensibilidade clínica e conhecimento especializado permitiram uma resposta inicial rápida à epidemia no país, com impacto direto nas políticas de vigilância e prevenção. Além disso, Valéria Petri atuou ativamente na formação de gerações de dermatologistas e infectologistas, contribuindo para o fortalecimento da resposta nacional à infecção pelo HIV.[21]

Uma das figuras mais emblemáticas da cirurgia brasileira é a professora Angelita Habr-Gama, considerada mundialmente uma das maiores autoridades em câncer colorretal. Pioneira em um campo dominado por homens, Angelita dedicou sua carreira ao estudo do câncer de reto, sendo a primeira a propor e demonstrar a viabilidade da abordagem não operatória ("watch and wait") para pacientes com resposta clínica completa após quimiorradioterapia neoadjuvante. Seus estudos foram revolucionários, especialmente por questionarem a necessidade de cirurgias mutilantes em todos os casos, abrindo caminho para uma prática mais personalizada, centrada no paciente e com melhor preservação da qualidade de vida. Além de sua atuação como cirurgiã, Angelita também foi uma das primeiras mulheres a integrar a Academia Nacional de Medicina e formou centenas de cirurgiões em sua trajetória como professora titular da Faculdade de Medicina da USP.[26]

Reconhecida como uma das principais especialistas mundiais em oncogenética, a Dra. Maria Isabel Achatz construiu uma carreira de alcance internacional. Médica geneticista brasileira, reconhecida internacionalmente por sua contribuição ao entendimento e manejo da síndrome de Li-Fraumeni, uma rara condição hereditária associada a mutações no gene TP53 e alto risco para múltiplos tipos de câncer ao longo da vida. Seu trabalho tem impacto direto na definição de protocolos de rastreamento intensivo e na formação de redes de apoio e orientação genética, influenciando diretrizes nacionais e internacionais.

Durante a pandemia de COVID-19, a médica e pesquisadora Dra. Ester Cerdeira Sabino, professora do Instituto de Medicina Tropical da USP, e a biomédica Dra. Jaqueline Góes de Jesus ganharam destaque internacional ao liderarem a equipe responsável por sequenciar, em apenas 48 horas após a confirmação do primeiro caso no Brasil, o genoma completo do SARS-CoV-2 — um dos sequenciamentos mais rápidos do mundo. Esse feito permitiu compreender a origem e a dinâmica de circulação do vírus no país, contribuindo para estratégias de vigilância genômica e de saúde pública, e evidenciou a capacidade e relevância da ciência brasileira no enfrentamento de emergências sanitárias globais.[27]

Essas trajetórias demonstram como médicas brasileiras foram capazes de romper paradigmas, inovar em contextos adversos e promover mudanças estruturais na saúde pública e mental do país. A atuação dessas profissionais não apenas impactou milhares de pacientes, mas também inspirou políticas públicas e transformações institucionais duradouras.

A contribuição das Médicas Oncologistas na Medicina brasileira

Nas últimas décadas, a oncologia no Brasil passou por profundas transformações, acompanhando o avanço científico mundial e consolidando-se como uma das especialidades médicas mais dinâmicas e complexas. Nesse cenário de inovação terapêutica, Medicina personalizada e cuidados integrativos, a presença das médicas oncologistas têm sido decisiva. Elas não apenas romperam barreiras históricas de gênero dentro de uma especialidade inicialmente dominada por homens, como também vêm liderando avanços assistenciais, científicos, institucionais e sociais que impactam diretamente o cuidado oncológico em todo o país.

As médicas oncologistas brasileiras atuam em todas as frentes da especialidade: da pesquisa translacional à prática clínica, da gestão hospitalar à formulação de políticas públicas. Em hospitais de referência, universidades, centros de pesquisa e consultórios, essas profissionais vêm se destacando pela capacidade de aliar excelência técnica e sensibilidade humana, promovendo um modelo de atenção mais empático, ético e centrado no paciente.

No cenário atual da oncologia brasileira, observa-se uma presença feminina cada vez mais expressiva e influente. De acordo com levantamentos recentes da Sociedade Brasileira de Oncologia Clínica (SBOC), as mulheres já representam cerca de metade dos oncologistas clínicos do país, chegando a 55% em algumas amostras. A primeira mulher com registro explícito de ter concluído residência em Oncologia Clínica no Brasil é a Dra. Magda Côrtes Rodrigues Rezende, no Instituto Nacional de Câncer (INCA), turma 1972-1973.

Na clínica e na academia, médicas oncologistas têm liderado avanços que aproximam a pesquisa do cuidado, com produção científica robusta, inovação organizacional, elaboração de diretrizes e formação de novas gerações. Sob essa liderança, serviços e centros brasileiros se consolidaram como referência nacional e regional, com impacto direto nos desfechos e na experiência das pessoas em tratamento.

Na esfera associativa, o protagonismo feminino na SBOC começou com a Dra. Lucilda Cerqueira de Lima, primeira mulher a assumir a presidência da entidade, quebrando um ciclo de lideranças exclusivamente masculinas e abrindo caminho para futuras gestões femininas. Décadas depois, em 2019, a Dra. Clarissa Mathias se tornou a segunda mulher presidente, fortalecendo pautas de equidade no acesso ao tratamento, inclusão de novas terapias no sistema público e valorização da presença feminina em congressos e publicações científicas.

Nos anos seguintes, a SBOC manteve a liderança feminina: em 2024, a presidência foi assumida por Anelisa Coutinho, também fundadora do GTG (Grupo Brasileiro de Tumores Gastrointestinais); em 2025, por Angélica Nogueira, fundadora do grupo EVA (Grupo Brasileiro de Tumores Ginecológicos); e a atual presidente-eleita é Clarissa Baldotto, que tomará posse em 2026. Esse adensamento feminino na direção da SBOC tem impacto prático: pautas como acesso equitativo, expansão de diretrizes nacionais, valorização da pesquisa brasileira e mentoria de jovens oncologistas ganharam continuidade e relevância entre gestões — algo facilitado pelo novo modelo de governança da sociedade.

No cotidiano dos serviços, a contribuição das médicas está na costura fina do cuidado: integração de linhas assistenciais, manejo de toxicidades, atenção a desfechos relatados pelos pacientes, e incorporação criteriosa de tecnologias. Na gestão pública e privada, elas têm sido pontes entre evidência, sustentabilidade e justiça distributiva — desde a defesa de protocolos de alto valor no SUS até a negociação de acesso na saúde suplementar.

Um ponto histórico que vale explicitar: sobre "a primeira mulher a concluir residência de Oncologia Clínica no Brasil", não há registro público único e verificável que permita nomear alguém com precisão — até porque a especialidade foi regulamentada nacionalmente em 1983, e os registros da época não catalogavam pioneiros por gênero. Entre pioneiras da formação e construção de serviços, entretanto, a trajetória de Sílvia Brandalise em oncopediatria é amplamente documentada e paradigmática, assim como a de outras líderes que consolidaram programas acadêmicos e assistenciais.

Em síntese, as médicas oncologistas brasileiras não apenas acompanharam a evolução da especialidade — elas a aceleraram. Dos avanços em biologia tumoral e terapias alvo à organização de linhas de cuidado e à liderança associativa, sua marca é a combinação de ciência rigorosa com senso de missão coletiva. É isso que transforma a oncologia em projeto de país: tecnicamente ambiciosa, socialmente comprometida e, cada vez mais, plural.

Conclusão

A trajetória das mulheres na Medicina brasileira percorre da exclusão à liderança. Se o século XX consolidou a presença feminina, o século XXI impõe o desafio de reduzir assimetrias entre especialidades, cargos e rendimentos, além de ampliar a diversidade racial e regional. A história recente mostra que quando oportunidades e condições são equânimes, as médicas expandem fronteiras científicas, assistenciais e institucionais — beneficiando pacientes, sistemas de saúde e a sociedade.

Referências bibliográficas

1. Hahner JE. Emancipating the female sex: the struggle for women's rights in Brazil, 1850–1940. Durham: Duke University Press; 1990.
2. Machado MH, coordenadora. Os médicos no Brasil: um retrato da realidade [Internet]. Rio de Janeiro: Editora Fiocruz; 1997 [citado 2025 ago 11]. 244 p. Disponível em: https://books.scielo.org/id/8t3kz/pdf/machado-9788575415973.pdf
3. Colling AM. As primeiras médicas brasileiras: mulheres à frente de seu tempo. Fronteiras [Internet]. 2011;13(23):132–47 [citado 2025 ago 11]. Disponível em: https://revistas.ufrj.br/index.php/fronteiras/article/view/29008
4. Ávila RC. Formação das mulheres nas escolas de Medicina. Rev Bras Educ Med. 2014;38(1):142-9. doi:10.1590/S0100-55022014000100019.
5. Smith R. The changing face of medicine: women doctors in the 20th century. BMJ. 2000;321(7269):1581-4.
6. Silva RM. História da Medicina no Brasil. São Paulo: Hucitec; 2002.
7. Barreto A. Rita Lobato: a primeira médica diplomada no Brasil. Rev Med Bahia. 1987;33(2):112-5.
8. Lopes M. Mulheres na Medicina brasileira. Cad Pagu. 1998;(10):145-69.
9. Brasil. Decreto nº 21.076, de 24 de fevereiro de 1932. Código Eleitoral. Brasília: Diário Oficial da União; 1932.

10. Câmara dos Deputados. Perfil parlamentar: Carlota Pereira de Queirós. Brasília: Câmara dos Deputados; 2020.

11. Campos GWS. Saúde pública e Medicina preventiva. São Paulo: Hucitec; 1992.

12. Brasil. Decreto nº 80.281, de 5 de setembro de 1977. Regulamenta a Residência Médica. Brasília: Diário Oficial da União; 1977.

13. Paim J, et al. The Brazilian health system: history, advances, and challenges. Lancet. 2011;377(9779):1778–97.

14. Soares M. Barreiras de gênero na Medicina. Rev Bras Educ Med. 2010;34(3):437-44.

15. Cruz A. Mulheres negras na Medicina brasileira. Cad Pagu. 2015;(45):219-43.

16. Associação Médica Brasileira. História das mulheres na Medicina. São Paulo: AMB; 2019.

17. Academia Nacional de Medicina. Eliete Bouskela: primeira presidente mulher. Rio de Janeiro: Academia Nacional de Medicina; 2023.

18. Scheffer M, Biancarelli A, Cassenote A, coordenadores. Demografia Médica no Brasil: dados gerais e descrições de desigualdades. São Paulo: Conselho Regional de Medicina do Estado de São Paulo; Conselho Federal de Medicina; 2011.

19. Scheffer M, et al. Demografia Médica no Brasil 2023. São Paulo: FMUSP; AMB; 2023. 344 p. ISBN: 978-65-00-60986-8.

20. Faculdade de Medicina da USP; Conselho Federal de Medicina; Associação Médica Brasileira. Demografia Médica no Brasil 2025 [Internet]. São Paulo; 2025 [citado 2025 ago 11]. Disponível em: https://www.fm.usp.br/fmusp/noticias/ministerio-da-saude-fmusp-e-amb-lancam-a-demografia-medica-no-brasil-2025

21. Fundação Getulio Vargas – FGV Medicina. 5 mulheres que revolucionaram a Medicina no Brasil. São Paulo: FGV Medicina; 2023.

22. Silva MB. Rita Lobato Velho Lopes: primeira médica diplomada no Brasil. Hist Cienc Saude Manguinhos. 2005;12(3):1035–42. doi:10.1590/S0104-59702005000300023.

23. Mello LC. Nise da Silveira: uma psiquiatra rebelde. Rio de Janeiro: Rocco; 1996.

24. Fundação Getulio Vargas (FGV). Carlota Pereira de Queirós: primeira mulher eleita deputada federal no Brasil. Rio de Janeiro: FGV; 2022.

25. Rodrigues E. Zilda Arns: uma biografia. Rio de Janeiro: Anfiteatro; 2018.

26. Habr-Gama A. Watch and wait approach for rectal cancer. Ann Surg. 2004;240(4):711-7.

Nise da Silveira

(1905-1999)

Psiquiatra humanista, revolucionou a saúde mental no Brasil como precursora da arte como terapia

"O nosso trabalho não visa criar artistas. O olhar, as mãos, os gestos podem me dizer alguma coisa"

Em vez de eletrochoques e camisas de força aos pacientes psiquiátricos, ela ofereceu tinta, argila, música e respeito. **Nise da Silveira** rejeitava rótulos e títulos. Preferia ser chamada apenas de "médica" e achava a palavra "paciente" um insulto. Aos 15 anos, ela decidiu que queria ser médica. Os pais a apoiaram. Para ingressar na faculdade, teve que falsificar a idade para 16 anos. Morou num pensionato e era a única mulher na sua classe. Formou-se em 1926 pela Faculdade de Medicina da Bahia. Em 1928, com 23 anos, decidiu mudar para o Rio de Janeiro.

Nos anos 1940, no hospital psiquiátrico do Engenho de Dentro (RJ), Nise deu início a um dos maiores movimentos de transformação da saúde mental no Brasil. Criou ateliês onde portadores de esquizofrenia podiam expressar seu mundo interno. Ali nasceram obras de arte e descobertas sobre o inconsciente que inspiraram até Carl Jung, com quem ela trocou cartas.

Fundou o Museu de Imagens do Inconsciente, em 1952, espaço vivo onde os traços, rabiscos e pinturas dos internos revelavam mais que diagnósticos: revelavam almas. Também introduziu a presença de cães nos hospitais, criando os primeiros registros de coterapia com animais.

Nise morreu em 1999, aos 94 anos, e foi elevada à condição de "Heroína da Pátria" em 2022. Mas seu maior título ainda é outro: pioneira da escuta verdadeira na psiquiatria brasileira.

Virginia Apgar

(1909-1974)

Anestesista e obstetra americana,
criadora do Apgar Score, marco na neonatologia

"O ponto mais importante para mim é que você tem que alcançar o que está fora do alcance"

Era 1952 quando uma anestesista com espírito prático e coração inquieto decidiu criar um sistema simples para avaliar a vitalidade dos recém-nascidos. Cinco critérios — Aparência, Pulso, Grimace (reação a estímulos), Atividade e Respiração — foram codificados em um método rápido, eficaz e fácil de lembrar. Nascia o Apgar Score, hoje utilizado em todos os partos do mundo.

Virginia Apgar foi uma mulher de muitos talentos: tocava violino, pilotava avião, amava animais e odiava a ideia de que recém-nascidos eram "muito pequenos para se preocupar". Seu mantra era: "As mulheres são melhores do que os homens em resolver problemas práticos", e ela mesma foi a prova viva disso.

Formou-se em medicina em 1933 e se tornou a primeira mulher a chefiar o departamento de anestesia do Hospital Columbia-Presbyterian, em Nova York. Quando viu que muitos bebês morriam nos primeiros minutos de vida sem serem devidamente avaliados, decidiu mudar essa realidade com seu famoso score — uma revolução silenciosa.

Apgar não teve filhos, mas ajudou milhões a sobreviver. Disse certa vez:

"Ninguém que salvou uma criança pode dizer que sua vida foi em vão."

4

Os Desafios à Liderança Feminina: Assédio

Ana Amélia de Almeida Viana
Ana Coradazzi
Danielle Laperche dos Santos
Mariane Sousa Fontes Dias

Introdução

Comentários sexistas, olhares que causam desconforto, toques constrangedores, propostas que sugerem a necessidade de uma contrapartida de cunho sexual, exigências disparatadas que parecem estar restritas à condição de ser mulher. O dia-a-dia das mulheres na medicina é permeado por situações como essas, muitas vezes naturalizadas ou simplesmente ignoradas. De acordo com uma publicação do National Academies of Sciences, Engineering, and Medicine (NASEM), em 2018, estudantes de medicina do gênero feminino têm risco 220% maior de sofrerem assédio sexual do que as estudantes de outros cursos.[1] Em abril de 2025, a pedido da Sociedade Brasileira de Oncologia Clínica (SBOC), o Datafolha publicou os resultados de uma pesquisa sobre a realidade das médicas oncologistas brasileiras, incluindo as relações interpessoais no trabalho. Os resultados foram irrefutáveis: 50,3% delas revelaram já ter sofrido assédio moral e 24,7% já sofreram assédio sexual, contrastando com taxas significativamente menores entre os homens (21,2% e 7,3%, respectivamente). A grande maioria delas (85%) não denunciou os assédios, principalmente por medo de represálias ou por acreditarem que nada seria feito a respeito.[2]

Os números revelados pela pesquisa, infelizmente, não surpreendem. Uma pesquisa semelhante, realizada pela Associação Médica Brasileira (AMB) e pela Associação Paulista de Medicina (APM), em 2023, mostrou que 63% das médicas brasileiras já foram vítimas de assédio moral e/ou sexual, e 74% testemunharam ou souberam de casos ocorridos com colegas.[3]

Embora os números sejam incontestáveis, assim como o impacto negativo do assédio para a saúde mental, profissional e física das mulheres,[4] ainda estamos longe de uma realidade em que tais práticas sejam apenas casos isolados. A estrutura social vigente, baseada em preceitos machistas, coloca as mulheres em situação de vulnerabilidade para o assédio, visto que homens se sentem confortáveis em praticá-lo e mulheres aprenderam a normalizá-lo. Há muito por fazer, desde reestruturações institucionais até transformações profundas em nossa cultura e relações sociais. O objetivo deste capítulo é justamente contribuir para essas mudanças necessárias, jogando luz à questão, esclarecendo conceitos, expondo a realidade e propondo soluções possíveis. E – talvez o mais importante – acolhendo e orientando as colegas que vivenciam experiências como essas em sua rotina. Nenhuma de nós está livre de sofrer assédio, mas nenhuma de nós está sozinha na luta contra ele.

Conceituando o assédio na medicina

Podemos entender como assédio qualquer comportamento indesejado que cause humilhação, intimidação, constrangimento ou dano psicológico a outra pessoa, especialmente quando há relação de poder envolvida. Em geral, envolve atitudes inconvenientes, persistentes e duradouras em relação à vítima, mas pode ser configurado num episódio isolado (como um estupro, por exemplo). O essencial a ser compreendido aqui é que a caracterização de um assédio depende essencialmente de dois pontos: o desconforto da vítima diante do episódio e, principalmente, a ausência de consentimento/desejo por parte dela.

O assédio sexual é, talvez, o mais constrangedor para as mulheres, e abrange um espectro que inclui desde comentários sexistas generalizados e comportamento grosseiro até ataques sexuais verbais ou físicos indesejados e coerção sexual. Muitas mulheres podem ter dificuldade para identificar o assédio sexual. Em parte, porque culturalmente temos dificuldade de enxergar os limites entre uma paquera e uma violência, considerando natural que homens assediem colegas de trabalho, mesmo que não haja qualquer interesse da parte delas. E é justamente nesse ponto que mora a diferença: na falta de interesse. Se não há desejo e, principalmente, consentimento da mulher para receber comentários, olhares, toques, abraços, beijos ou quaisquer outras condutas de ordem sexual, estamos falando de assédio.

Tal situação é ainda mais complexa quando há uma relação de poder entre os envolvidos, seja devido ao cargo hierarquicamente superior do homem, seja pelo fato de homens normalmente se comportarem como se estivessem em posição de domínio (por sua força física ou privilégios profissionais). A utilização de técnicas como o *gaslighting*, situação na qual um homem manipula a mulher para que ela acredite que está vendo coisas onde não existem, dificultam ainda mais a identificação do assédio sexual, não sendo infrequentes os casos em que as mulheres realmente acreditam que imaginaram as situações ou que elas não foram tão graves assim.

No caso do assédio moral, os limites podem ser ainda menos explícitos. Estamos falando de atitudes constrangedoras recorrentes, permanentes e individualizadas que frequentemente partem do gestor em relação a uma subordinada, e que podem incluir sutilezas difíceis de identificar. Comentários depreciativos, estabelecimento de metas pouco realistas, desvalorização do trabalho e comparações injustas do desempenho são exemplos frequentes. O *mansplaining* (quando um homem explica algo que é óbvio para uma mulher, num contexto em que ela é muito mais capacitada que ele, dando a entender que ela não tem condições de compreensão) e o *manterrupting* (quando um homem a interrompe, impedindo que ela conclua seu raciocínio) são técnicas comumente utilizadas na prática do assédio moral. No contexto médico, ambas podem ser observadas com frequência durante discussões de casos clínicos e reuniões científicas. A apropriação, por um homem, de ideias, projetos, realizações ou pesquisas desenvolvidas por uma mulher – o chamado *bropriating* – é outro exemplo comum.[5]

Ainda mais preocupante é o fato de que muitas mulheres acreditam ser merecedoras disso, ainda mais quando tais atitudes são toleradas e até apreciadas por outros colegas, sejam homens ou mulheres. Numa sociedade onde mulheres são ensinadas a serem submissas e a verem sempre homens nos cargos de comando, é fácil compreender que elas tenham dificuldade em identificar os abusos. Mas a regra é clara: se há desrespeito, constrangimento e humilhação, é assédio. O primeiro passo é dar nome às coisas. Assédio é inaceitável, e precisamos falar sobre isso.

O assédio como obstáculo ao avanço na liderança

Embora as mulheres representem cerca de 70% da força de trabalho no setor da saúde, elas ocupam apenas 25% dos cargos de liderança.[6] Essa desigualdade pode ser parcialmente explicada por questões culturais tais como responsabilidades familiares e domésticas e estereótipos de gênero, mas estudos apontam para o assédio moral e sexual como um coadjuvante silencioso que boicota o avanço profissional feminino.[2,7,8]

O assédio é uma forma de violência, que exclui e compromete a autoestima e a saúde mental de suas vítimas. Adicionalmente, pode desestimular a busca e permanência dessas mulheres em espaços de maior destaque e poder[9]. As pessoas que são alvo de assédio frequentemente lidam com a violência abandonando seus empregos, declinando projetos ou refutando oportunidades de ascensão por medo de exposição a novos eventos.[7,10] O acolhimento da vítima e a ruptura dos ciclos de exclusão possivelmente promoverão um maior número de mulheres a postos de liderança. É reconhecido que, uma vez conquistado um cargo de liderança por uma mulher, a incidência e prevalência do assédio tendem a diminuir, possivelmente devido à maior autonomia, visibilidade pela instituição e capacidade de reação das mulheres nessas posições.[2,10]

Suzuki et al. trazem dados que reforçam como o assédio e a desigualdade de gênero podem impactar a estruturação das lideranças na oncologia brasileira. O estudo revelou que apenas 13,7% das médicas ocupam cargos de chefia, em comparação com 30,4% dos homens ($p < 0{,}006$), evidenciando uma disparidade significativa na ocupação de posições de liderança. A percepção da equidade também é assimétrica: 87,5% dos homens acreditam que há igualdade de direitos no exercício da profissão, enquanto apenas 65,5% das mulheres compartilham dessa visão. O estudo ainda revelou que 85,1% das médicas consideram necessária a implementação de políticas institucionais de equidade de gênero, o que sugere que o ambiente de trabalho atual ainda carece de condições justas e seguras para o desenvolvimento profissional feminino. Esses dados evidenciam que o assédio contribui para um sistema estrutural que limita o acesso das mulheres à liderança na oncologia.[2]

Subbiah et al. demonstraram uma realidade semelhante em um estudo com oncologistas dos Estados Unidos: 79% das mulheres relataram assédio no ambiente de trabalho por colegas ou superiores, e 67% já sofreram assédio por parte de pacientes ou familiares. Vinte e dois porcento das mulheres relataram atenção sexual não desejada e 3% coerção sexual por seus pares ou superiores. Esses eventos resultam na redução da satisfação profissional, intenção de abandono da carreira e deterioração da saúde mental.[8]

Quando abordamos grupos específicos de mulheres – negras, LGBTQIA+, indígenas, classes sociais menos favorecidas –, o papel do assédio como obstáculo para cargos de liderança é ainda maior. A interseccionalidade não é apenas a soma de opressões — gênero, raça, classe, sexualidade — mas sim a articulação dinâmica entre essas categorias, que produz experiências específicas de exclusão. Assim, as barreiras que impedem a liderança feminina não afetam todas as mulheres da mesma forma: mulheres negras, indígenas, trans ou com deficiência vivenciam múltiplas camadas de opressão que se potencializam mutuamente.[11] No contexto médico, essas interseções se manifestam de maneira contundente. A lógica da meritocracia — amplamente celebrada pelas instituições de saúde — ignora desigualdades estruturais e disfarça os mecanismos de exclusão como falhas individuais. A violência institucional, expressa por meio do silenciamento e da deslegitimação compromete o desenvolvimento profissional de mulheres que já ocupam posições historicamente marginalizadas.

O assédio compromete a equidade, pois retira das mulheres sua segurança e sua autonomia para se posicionar, expressar ideias e disputar espaços. O sub-reconhecimento das mulheres na liderança médica é alimentado por normas de gênero que reforçam estereótipos, exigem silenciamento e punem comportamentos assertivos femininos com rótulos depreciativos.[12] Na oncologia, isso se traduz em menos mulheres palestrantes em congressos, um menor número de primeiras ou últimas autoras em artigos científicos, menor representação em comitês editoriais e em cargos de liderança institucional. Kirschak et al. apontam que, apesar do aumento do número de mulheres em especialidades oncológicas, há uma estagnação na progressão dessas profissionais rumo à liderança, sendo o assédio um dos fatores inibidores.[10]

As consequências do assédio sexual podem ser devastadoras no longo prazo. Muitas mulheres passam a demonstrar maior cautela e desconfiança em interações profissionais, evitando mentores homens ou restringindo o contato interpessoal com colegas, o que pode comprometer oportunidades de desenvolvimento. Algumas direcionam suas pesquisas para temas de gênero e equidade, enquanto outras engajam-se em ações de *advocacy* e reformulação de políticas institucionais. Há também aquelas que recusam oportunidades profissionais para evitar interações com seus agressores ou contextos semelhantes. A retaliação, infelizmente, ainda é uma realidade em muitos casos. Estudo recente aponta relatos de vítimas que perderam empregos, foram impedidas de alcançar estabilidade ou promoções, sentiram-se pressionadas a deixar cargos de liderança, aceitaram posições menos prestigiadas ou desistiram de projetos científicos importantes.[13]

Apesar do assédio não ser uma causa exclusiva de impedimento para o avanço na liderança feminina, ele certamente funciona como um obstáculo adicional e contribui para perpetuação da desigualdade de gênero. Não há uma maneira simples e singular de endereçar a problemática da desigualdade da ocupação feminina em cargos de liderança, mas é certo que o fortalecimento de políticas de equidade e a construção de uma cultura institucional que valorize o respeito e a diversidade estabelecem um terreno fértil para mulheres prosperarem.

Fatores de vulnerabilidade e mecanismos de perpetuação

O primeiro fator de vulnerabilidade feminina para o assédio é a própria estrutura androcêntrica, na qual há clara sub-representação feminina em cargos de liderança, contribuindo para a assimetria das relações de poder: homens são a norma, mulheres são a exceção.[14] Essa estrutura reforça a ideia distorcida de que mulheres devem ocupar posições de subserviência, o que leva homens a se sentirem confortáveis em cometer abusos de poder e mulheres a perceberem seu valor como inferior ao deles. É um cenário propício ao assédio.

Outro ponto importante é a sólida verticalidade dos ambientes hospitalares, especialmente os acadêmicos, estruturados a partir de uma lógica de obediência e medo de retaliações, com uma forte dinâmica de poder.[1,15] Expostos a uma cultura de hierarquização e silenciamento, residentes e estudantes, principalmente mulheres, ficam mais suscetíveis ao assédio por parte de preceptores, chefes de serviço ou colegas mais experientes. Não é à toa que a ocorrência de assédio seja tão frequente, mas as denúncias sejam tão incomuns.[2,3]

A vulnerabilidade feminina é também ampliada pela cultura machista da sociedade onde estamos inseridos: piadas sexistas, "testes de resistência", toques não consentidos e comentários invasivos são frequentemente minimizados ou tratados como "parte da formação", contribuindo para a naturalização do assédio, especialmente sexual.[1]

Mulheres negras, indígenas, LGBTQIA+ ou com deficiências enfrentam ainda mais camadas de violência, provavelmente constituindo o grupo de maior vulnerabilidade ao assédio.

É importante ressaltar que os fatores de vulnerabilidade descritos não se restringem aos ambientes presenciais. No atual cenário de hiperconectividade, onde a visibilidade em redes sociais e plataformas digitais tornou-se um ativo estratégico para o avanço profissional, é preciso reconhecer que o ambiente virtual é também um espaço de reprodução de desigualdades. Mulheres, especialmente aquelas pertencentes a grupos minorizados, enfrentam uma forma contemporânea de hostilidade que se manifesta por meio do *cyber incivility* — comportamentos incivilizados, ofensivos ou desrespeitosos nas interações digitais. Esse tipo de violência tem impacto direto na confiança, saúde emocional e engajamento profissional de mulheres na medicina acadêmica.[16]

O estudo de Pendergrast et al. reforça esse cenário ao evidenciar a alta prevalência de ataques pessoais e assédio sexual direcionados a médicas nas redes sociais, revelando um ambiente especialmente hostil àquelas que se expressam publicamente ou ocupam posições de destaque. Essas agressões digitais, muitas vezes normalizadas ou invisibilizadas, limitam a atuação pública de mulheres médicas, restringindo sua participação em debates científicos, educação em saúde, *advocacy* e construção de autoridade profissional.[17]

Embora o discurso da visibilidade feminista esteja em alta nas mídias digitais, ele convive com uma cultura de misoginia que penaliza mulheres que ousam ocupar o espaço público com autonomia e opinião. A hostilidade online, ao silenciar ou afastar mulheres negras, indígenas ou LGBTQIAPN+ desses espaços, restringe o acesso a oportunidades, parcerias, convites e reconhecimento, afetando sua progressão na carreira médica.

Assim, é fundamental reconhecer que o ambiente digital não é neutro, mas sim estruturado por dinâmicas de poder que refletem e ampliam os marcadores de exclusão já presentes nos espaços institucionais físicos. Ignorar essas formas de violência simbólica contribui para a perpetuação de barreiras silenciosas, porém potentes, à liderança feminina e à diversidade na medicina contemporânea.

Há vários mecanismos que perpetuam a ocorrência de assédios, mas a impunidade é provavelmente o mais importante deles. A ausência de canais eficazes, seguros e confidenciais de denúncia ajuda a manter o ciclo de violência. A responsabilização de agressores, especialmente quando estes ocupam cargos prestigiados, é rara, o que reforça a sensação de impunidade institucional.

A estigmatização das vítimas é outro fator de perpetuação, pois deslegitima as denúncias. Mulheres que denunciam assédio são frequentemente desacreditadas, marginalizadas ou prejudicadas profissionalmente, o que contribui para o silêncio coletivo e para a repetição dos abusos.

Considerando que a denúncia costuma ser fortemente desencorajada pelas estruturas institucionais e sociais vigentes, podemos vislumbrar um cenário preocupante: a percepção pública do assédio sexual é semelhante a um iceberg, em que os comportamentos mais graves ficam visíveis acima da água, mas a maior parte dos comportamentos de assédio sexual fica abaixo da superfície.[18]

Superando o assédio: estratégias e experiências inspiradoras

A superação do assédio na medicina exige ações integradas em níveis individual, institucional e cultural, que devem funcionar de forma coordenada, simultânea e coerente.

No plano individual, é fundamental o fortalecimento de redes de apoio, como grupos de acolhimento e orientação psicológica, que ajudam vítimas a processar a experiência e buscar justiça. A formação médica também deve incluir educação sobre ética, respeito mútuo e dinâmicas de poder. O combate à naturalização do assédio na cultura médica deve ter por base a formação de indivíduos mais conscientes, críticos e atentos à questão do assédio, o que implica mudar práticas hierárquicas abusivas, promover representatividade e incentivar lideranças que priorizem o bem-estar coletivo. Isso favorece ambientes mais inclusivos e igualitários a partir de profissionais sensíveis a estas questões.

As iniciativas institucionais e os movimentos coletivos desempenham um papel fundamental no enfrentamento do assédio e na promoção da igualdade de gênero. Estudos indicam que a cultura organizacional é o fator mais determinante na prevalência de comportamentos de assédio sexual. A percepção de tolerância ou intolerância a essas condutas por parte dos membros da instituição influencia diretamente sua frequência. Nesse contexto, medidas concretas e consistentes são essenciais para promover um ambiente de trabalho seguro, respeitoso e equitativo.[19] Os líderes das instituições de saúde têm responsabilidades claras diante do assédio sexual: (1) prevenir sua ocorrência, (2) investigar adequadamente os casos relatados e (3) corrigir os episódios identificados em seus ambientes de trabalho.

Uma primeira medida essencial é a implementação de políticas de ação afirmativa, que reconheçam as desigualdades estruturais e estabeleçam mecanismos de correção. Isso inclui cotas para mulheres — com atenção especial àquelas negras, indígenas e trans — em cargos de liderança, programas de mentoria interseccional, e financiamento de trajetórias acadêmicas comprometidas com equidade.

O fortalecimento de programas de mentoria e o estímulo ao acesso a redes de apoio dentro das instituições também estão entre as estratégias eficazes para o combate ao assédio. Evidências mostram que iniciativas estruturadas de mentoria e inclusão em redes profissionais contribuem significativamente para o fortalecimento da autoconfiança das mulheres e para a superação de condições desiguais e injustas no ambiente de trabalho.[20]

É também fundamental que as organizações implementem sistemas de denúncia eficazes, acessíveis e seguros. Esses sistemas devem contemplar não apenas as vítimas diretas, mas também os colegas que presenciem condutas inapropriadas. Quando os profissionais têm a segurança de que suas denúncias serão levadas a sério e que o ambiente institucional é receptivo a relatos precoces, há um empoderamento coletivo para criar um ambiente de trabalho mais seguro e livre de assédio. Para isso, é indispensável que os responsáveis por receber, investigar e resolver as denúncias sejam devidamente capacitados, neutros, objetivos e tenham autoridade e recursos suficientes para agir de maneira eficaz.

De fato, um número crescente de protocolos e canais para denúncias anônimas de assédio vem sendo observado. Essa abordagem visa proteger as vítimas contra retaliações e encorajar mais pessoas a relatarem suas experiências, tornando o enfrentamento do problema mais eficaz.[21] Além disso, programas de capacitação sobre assédio e igualdade de gênero vêm sendo implementados como ferramentas essenciais de conscientização e educação. Esses treinamentos abordam comportamentos aceitáveis e ajudam a desconstruir estereótipos e preconceitos de gênero, contribuindo para a construção de ambientes mais inclusivos. A formulação e aplicação de políticas institucionais também são elementos centrais: cada vez mais, as instituições reconhecem a necessidade de estratégias abrangentes que incluam definições claras de assédio, mecanismos acessíveis e seguros para denúncia e sanções para os agressores.[22,23]

A ampliação dessas estratégias requer uma abordagem sistêmica, com foco na promoção de uma cultura institucional verdadeiramente inclusiva. Isso envolve ações como a formação específica de docentes seniores, o treinamento de testemunhas e o fortalecimento de políticas internas que favoreçam ambientes livres de assédio. Tais medidas são fundamentais não apenas para a proteção das profissionais, mas também para o fortalecimento da liderança feminina na medicina.[24]

Além do compromisso formal com um ambiente institucional inclusivo e respeitoso, é necessário estabelecer sistemas claros de responsabilização. Aqueles que atuam para prevenir ou enfrentar o assédio devem ser reconhecidos, enquanto omissões ou inações devem ser devidamente sancionadas. Uma liderança eficaz assegura a alocação de tempo, recursos e prioridade para ações de enfrentamento do assédio. Para promover mudanças reais na comunidade médica, é fundamental avaliar a eficácia das medidas e estratégias já implementadas.[25] Há também uma necessidade contínua de avaliação e adaptação das estratégias, de modo que possam responder às transformações e demandas dos ambientes de trabalho e da sociedade em geral. Ainda assim, os progressos já observados evidenciam a força da ação coletiva e a importância de criar espaços de escuta, diálogo e apoio.[22]

O combate ao assédio também exige o enfrentamento de desafios culturais e estruturais profundos em nossa sociedade. Nesse sentido, a representatividade feminina importa não apenas como símbolo, mas como estratégia concreta de transformação cultural. Equipes diversas têm maior probabilidade de identificar problemas, acolher perspectivas plurais e propor soluções inovadoras e sensíveis à realidade da população. Ao desafiar a homogeneidade das lideranças tradicionais, a diversidade transforma o próprio significado de liderança, deslocando-o para formas mais colaborativas, empáticas e justas de condução.

Um cenário preocupante no que toca à cultura de toda a sociedade é o impacto das séries de televisão com temática médica, conhecidas por exagerar cenários clínicos, incluindo as relações entre profissionais da saúde e pacientes. Essas representações vão além do entretenimento: influenciam percepções públicas e expectativas profissionais. Apesar disso, são escassas as pesquisas que investigam como o assédio sexual é retratado em dramas médicos, especialmente quanto aos perfis demográficos dos envolvidos e aos tipos de assédio representados. Com o objetivo de preencher essa lacuna, Ramedani et.al conduziu, em 2019, uma análise de conteúdo de oito séries médicas de grande audiência: St. Elsewhere, ER, Scrubs, Private Practice, Grey's Anatomy, Nurse Jackie, The Good Doctor e The Resident.[26]

Os resultados apontam que essas representações, em muitos casos, naturalizam ou banalizam o assédio, contribuindo para a percepção de que tais comportamentos seriam tolerados no ambiente médico.

Isso pode impactar negativamente a forma como o público — especialmente estudantes e futuros profissionais da saúde — compreende a cultura institucional e a conduta profissional. Corrigir essas representações culturais é essencial para promover ambientes clínicos mais éticos, seguros e respeitosos, assegurando a integridade das relações de trabalho e da própria prática médica.[26]

Felizmente, exemplos de mulheres inspiradoras não nos faltam. A trajetória profissional de Rita Lobato Velho Lopes constitui uma prova viva de que as maiores barreiras sociais e institucionais podem ser superadas — mesmo em áreas historicamente inacessíveis às mulheres. Considerada uma das primeiras médicas brasileiras (e a primeira doutora), Rita transformou a dor pessoal da perda de sua mãe, Dona Rita Carolina, em propósito: prometeu dedicar-se à medicina para evitar que outras mulheres enfrentassem mortes evitáveis no parto. A obstetrícia, então, tornou-se sua meta profissional.[27,28] Em seu caminho, Rita enfrentou todas as restrições impostas às mulheres de sua época, na qual o acesso à educação superior era predominantemente masculino, elitista e financeiramente inacessível à maioria da população — sobretudo às mulheres. Precisou lidar com o machismo institucionalizado, com o assédio e com questões éticas e culturais, sendo duramente criticada em vários momentos de sua carreira.[29] Rita defendia um modelo de atenção que subvertia o sistema vigente, criticando a ênfase desproporcional no pudor em detrimento da saúde. Não à toa, seu consultório passou a acolher inúmeras mulheres que anteriormente evitavam consultas médicas por se recusarem a serem examinadas por profissionais do sexo masculino, contribuindo assim para a saúde feminina e para o desmantelamento das barreiras de gênero.[28]

Exemplos como o de Rita nos mostram que até mesmo a resistência e a resiliência de uma única pessoa podem abrir caminhos importantes às mulheres, nos inspirando a trabalhar coletivamente para que quaisquer posturas discriminatórias que impeçam as mulheres de contribuírem com a medicina sejam exterminados, incluindo o assédio em todas as suas formas.

Reflexões finais e caminhos para a mudança

A principal barreira enfrentada pelas mulheres para alcançar cargos de liderança na medicina ainda é o assédio. Seja de natureza sexual, moral ou institucional, o assédio no sistema de saúde representa uma séria ameaça à equidade de gênero e ao avanço profissional das mulheres. Superar essas barreiras passa, obrigatoriamente, por um enfrentamento corajoso e consistente das práticas de assédio. Para isso, o setor de saúde precisa reconhecer a complexidade do problema e as injustiças sistêmicas que o sustentam, como etapa fundamental para a construção de um ambiente mais inclusivo e equitativo.

O combate ao assédio é complexo e multifacetado, sendo necessário atuarmos igualmente na educação, treinamento, prevenção, identificação, combate e acolhimento às vítimas. Isso inclui estratégias pessoais, institucionais e culturais, que precisam envolver profissionais, lideranças institucionais, políticas públicas voltadas ao combate ao assédio e profundas reflexões da sociedade. Ambientes seguros, afetuosos e respeitosos favorecem não apenas a saúde mental e física das mulheres, mas também estimula a prática de uma assistência médica mais ética aos pacientes e a produção científica de qualidade, resultando num sistema de saúde mais acolhedor, eficaz e justo para todos.

Citando o sociólogo português Boaventura de Sousa Santos, “Devemos lutar pela igualdade sempre que as diferenças nos discriminem, e lutar pelas diferenças sempre que a igualdade nos descaracterize.”

Pontos-chave

1. Formas de assédio
2. Impacto do assédio nas lideranças femininas e no sistema de saúde
3. Estratégias para combate ao assédio

Referências bibliográficas

1. Benya FS. Widnall, Johnson P. Sexual Harassment of Women: Climate, Culture, and Consequences in Academic Sciences, Engineering, and Medicine. Washington (DC): National Academies Press, 2018.
2. Suzuki D, et al. Gender equity and workplace mistreatment in oncology: results from a survey by the Brazilian Society of Clinical Oncology. JCO Global Oncology, 2025.
3. Associação Médica Brasileira. Pesquisa violência contra a mulher médica. 2023; Available from: https://www.apm.org.br/wp-content/uploads/Pesquisa-APM_AMB_nov2023.pdf.
4. Willness C, Steel P, Lee K. A meta-analysis of the antecedents and consequences of workplace sexual harassment. Personnel Psychol, 2007. 60(1): p. 127-62.
5. Silva A. Gaslighting, mansplaining, maninterrupting, bropriating e manspreading: uma visão analítico-comportamental. 2022. Available from: https://ibac.com.br/gaslighting-mansplaining-manterrupting-bropriating-e-manspreading-uma-visao-analitico-comportamental/.
6. World Health Organization. Delivered by women, led by men: a gender and equity analysis of the Global Health Observer Workforce. 2019: Geneva, Switzerland.
7. Fenwick K, et al. Sexual harassment and gender discrimination in medicine: a review of recent findings. J Gen Intern Med, 2020. 35(4): p. 1302-8.
8. Subbiah I, et al. Gender inequity in oncology: findings from a global ASCO survey. J Clin Oncol, 2022. 40(28): p. 3232-40.
9. Ismael J, et al. Gender Disparities in Oncology: A Report From Four Countries in Latin America. JCO Global Oncology, 2025. 11: p. e2400554.
10. Kirschak M, et al. Gender equity in oncology: Progress, challenges, and the path forward in urologic oncology and oncologic specialties. Cancer, 2025. e35690: p. 1-7.
11. Akotirene C. Interseccionalidade. Pólen Livros, 2019.
12. Saville B, et al. Gender inequity in academic medicine: time to close the gap. BMJ, 2024. 384: p. g8484.
13. Lindquist C, McKay T. Sexual Harassment Experiences and Consequences for Women Faculty in Science, Engineering, and Medicine. RTI Press Policy Brief, 2018.
14. Clark J, Horton R. Rewarding Canadian science has a gender equity problem. The Lancet 2019. 394: p. 1307-8.
15. Jenner S, et al. Prevalence os sexual harassment in academic medicine. JAMA Internal Medicine, 2018: p. E1-E3.
16. Jagsi R, et al. Gender-based differences in experiences of incivility in academic medicine. The New England Journal of Medicine, 2023. 388(5): p. 389-99.
17. Pendergrast T, et al. Prevalence of personal attacks and sexual harassment of physicians on social media. JAMA Internal Medicine, 2021. 181(4): p. 550-2.

18. Hsiao C, et al. Sexual harassment experiences across the academic medicine hierarchy. Cureus, 2021. 13(2): p. e13508.

19. Hardies K. Prevalence and correlates of sexual harassment in professional service firms. Frontiers in Public Health, 2023. 10.

20. Chung E, et al. A Scoping Review on Resources, Tools, and Programs to Support Women's Leadership in Global Health: What Is Available, What Works, and How Do We Know?. Annals of Global Health, 2023. 89(1): p. 1-15.

21. Rihal C, et al. Addressing Sexual Harassment in the #MeToo Era: An Institutional Approach. Mayo Clinic Proc, 2020. 95(4): p. 749-57.

22. Du J. Advancing Gender Equality in the Workplace: Challenges, Strategies, and the Way Forward. Journal of Theory and Practice of Social Science, 2024. 4(4): p. 46-50.

23. Jagsi R. Sexual Harassment in Medicine - #MeToo. N Engl J Med, 2018. 378(3): p. 209-11.

24. Jenner S, Djermester P, Oertelt-Prigione S. Prevention Strategies for Sexual Harassment in Academic Medicine: A Qualitative Study. J Interpers Violence, 2022. 37(5-6): p. NP2490-NP2515.

25. Cedeno R, Bohlen J. Sexual Harassment and Prevention Training. 2024.

26. Ramedani S, Bozorghadad S, Olympia R. Depiction of Sexual Harassment in Medical Television Shows. Cureus, 2020. 12(12): p. e11842.

27. Motter S, Brandão G,Trindade B. Beyond medicine: Eloísa Díaz, the first woman surgeon graduate in Latin America. Journal of the American College of Surgeons, 2023. 236(1): p. 1064-7.

28. Trindade A, Trindade D. Desafios das primeiras mulheres médicas brasileiras. História da Ciência e Ensino: construindo interfaces, 2011. 4(0): p. 24-37.

29. Strauss E. Women's achievements in the medical field. SciELO Brasil, 2022. 59(2): p. 161-3.

Cicely Saunders

(1918-2005)

Médica e escritora britânica, é celebrada como fundadora dos cuidados paliativos modernos

"Você é importante porque você é você. Você é importante até o último momento da sua vida. Por isso, nós faremos tudo o que pudermos para ajuda-lo não só a morrer pacificamente, mas também a ter a melhor vida possível até o fim."

Cicely Saunders começou sua vida profissional como enfermeira. Depois se tornou assistente social. Só depois dos 30 anos decidiu estudar medicina — já sabendo exatamente o que queria fazer com esse diploma: mudar a maneira como o mundo tratava seus doentes terminais.

Nos anos 1960, fundou o St. Christopher's Hospice, em Londres, e com ele nasceu o conceito moderno de cuidados paliativos. Não se tratava apenas de aliviar a dor física, mas de acolher também o sofrimento emocional, social e espiritual dos pacientes.

Criou o conceito do "pain total" e defendia que ninguém deveria morrer com dor ou em solidão. Em uma de suas frases mais célebres, disse:

"Você é importante porque é você. Você é importante até o último momento da sua vida." Cicely transformou o fim da vida em parte da vida. Com compaixão e ciência, ajudou o mundo a entender que morrer bem também é um direito humano.

Jane Cooke Wright

(1919-2013)

Oncologista americana, é considerada precursora da quimioterapia moderna

"Eu sei que sou membro de dois grupos minoritários, mas não penso em mim dessa forma. Claro, uma mulher tem que tentar o dobro. Mas, preconceito racial? Conheci muito pouco disso... pode ser até que eu tenha conhecido, mas não fui inteligente o suficiente para reconhecê-lo."

Filha de um médico negro que já era pioneiro, **Jane Cooke Wright** carregou a tocha do progresso da ciência com ainda mais ousadia. Nos anos 1950, em um mundo onde oncologia era uma ciência incipiente e racismo uma barreira constante, ela começou a testar medicamentos diretamente em células cancerígenas humanas, inovando na forma como se estudava a quimioterapia.

Ao aplicar o metotrexato para câncer de mama e melanoma, obteve resultados revolucionários. Criou bancos de dados, métodos individualizados de aplicação e foi uma das primeiras a personalizar o tratamento do câncer com base em evidências celulares.

Jane foi a primeira mulher negra a integrar o corpo docente da NYU Medical School, e a primeira a liderar um departamento hospitalar em Nova York. Cofundou a ASCO (Sociedade Americana de Oncologia Clínica) e atuou em conselhos de saúde nacional.

Com jaleco, coragem e um olhar científico apurado, Jane salvou milhares de vidas e inspirou gerações de médicas negras e pesquisadoras a acreditar que seu lugar também é na linha de frente da ciência.

5

Os Desafios à Liderança Feminina: Teto de Vidro

Daniele Assad-Suzuki
Débora Melo Gagliato Jardim
Patricia Ashton-Prolla
Alessandra Menezes Morelle
Luciana Castro Garcia Landeiro

Introdução

Apesar de representarem a maioria entre estudantes e profissionais da Medicina, as mulheres continuam enfrentando desafios significativos para avançar em suas carreiras. Entre os obstáculos estão o preconceito de gênero, a disparidade salarial, o assédio, o isolamento e a falta de reconhecimento, que contribuem para altas taxas de rotatividade e *burnout*.[1]

Esses obstáculos são ainda mais intensos para mulheres negras, indígenas ou de outros grupos historicamente excluídos, que enfrentam múltiplas formas de discriminação. Atualmente, menos de 10% das líderes em departamentos médicos pertencem a esses grupos.[2,3]

Estudos apontam que médicas tendem a seguir mais as diretrizes clínicas, investir em cuidados preventivos e dedicar mais tempo ao atendimento, resultando em melhores desfechos para os pacientes.[4,5] Apesar disso, a liderança feminina na Medicina segue limitada a áreas de menor influência e com pouco acesso à tomada de decisões e orçamento.

Definição e contexto do "teto de vidro"

A expressão "teto de vidro" (*glass ceiling*) foi cunhada pela consultora Marilyn Loden em 1978, durante um painel sobre aspirações femininas nos Estados Unidos, e passou a ser usada amplamente nos anos 1980 para descrever barreiras invisíveis que impedem mulheres — e outros grupos marginalizados — de alcançar posições de liderança, mesmo quando possuem qualificação semelhante ou superior à dos seus colegas homens (**Figura 5.1**).

Essa metáfora descreve obstáculos estruturais e simbólicos não reconhecidos formalmente, mas presentes no cotidiano profissional, dificultando a ascensão de mulheres, mesmo em ambientes que se dizem meritocráticos.[6] Entre esses obstáculos estão a discriminação nos processos de promoção, estereótipos de gênero, ausência de mentoria e uma cultura organizacional que favorece estilos masculinizados de liderança.

Importa destacar que o teto de vidro não resulta da falta de ambição das mulheres, mas sim da persistência de estruturas de poder desiguais que mantêm os espaços de decisão sob domínio masculino.

Figura 5.1. Representação visual do "teto de vidro" e suas camadas de barreiras invisíveis à ascensão feminina na liderança, com destaque para os efeitos ampliados nas experiências de mulheres negras, indígenas, LGBTQIA+ e com deficiência.

Evidências e dados sobre teto de vidro na Medicina

A trajetória da Dra. Mary Putnam Jacobi, primeira mulher aceita na École de Médecine de Paris, simboliza os desafios históricos enfrentados por mulheres na Medicina. Em 1876, seu ensaio "A Questão do Descanso para as Mulheres durante a Menstruação" desmentiu, com base científica, a crença de que o ciclo menstrual as tornava fisicamente limitadas, estabelecendo um marco na luta por reconhecimento e igualdade profissional.[7]

Atualmente, as mulheres representam cerca de 58% dos médicos com menos de 34 anos no Brasil e 50,7% dos estudantes de Medicina nos Estados Unidos.[8,9] Apesar dessa presença majoritária na base, elas continuam sub-representadas em cargos de liderança: apenas 18% dos cargos de chefia em escolas médicas nos EUA são ocupados por mulheres. No Brasil, menos de 20% das funções de gestão hospitalar são exercidas por médicas. Além disso, médicas brasileiras recebem, em média, entre 20% e 30% menos do que médicos da mesma especialidade, mesmo com experiência similar.[10]

Um estudo de 2020 sobre residentes em clínica médica nos EUA analisou a influência de gênero nas avaliações de desempenho. No primeiro ano, não houve diferença significativa entre homens e mulheres. A partir do segundo ano, porém, as mulheres estagnaram, enquanto os homens continuaram a progredir, terminando a residência com notas superiores.[11]

Esses achados ilustram o impacto do teto de vidro (barreiras invisíveis à promoção) e do chão pegajoso (limites no início da carreira), influenciados por vieses implícitos, menor acesso à mentoria e exigências de comportamento diferenciadas. O estudo defende mudanças estruturais como avaliações cegas, políticas institucionais de apoio e treinamentos sobre vieses para promover equidade na formação médica.

Uma pesquisa da Sociedade Brasileira de Oncologia Clínica (SBOC) revelou que 50% das médicas percebem ter tido menos oportunidades profissionais devido ao gênero — contra apenas 10% dos homens. Apenas 36% delas estão satisfeitas com sua progressão na carreira, frente a 63% dos homens. As principais barreiras apontadas foram o desequilíbrio entre trabalho e família (63%) e a percepção de desigualdade salarial (40% delas, contra 5% dos homens). Além disso, 61% das mulheres relataram ter sofrido assédio, em comparação com 23% dos homens.[12]

Esses dados evidenciam que, no Brasil, o teto de vidro se manifesta concretamente em desigualdades estruturais, como (**Figura 5.2**):

- Diferença salarial significativa;
- Discriminação desde a formação;
- Barreiras ao acesso a cargos decisórios, mesmo em concursos públicos.

Figura 5.2. Dados ilustrando a disparidade de gênero na Medicina, com destaque para diferenças salariais, menor presença feminina em cargos de liderança e percepções de discriminação e assédio no ambiente profissional.

Barreiras estruturais e culturais à liderança feminina

A seguir, discutem-se as principais barreiras que dificultam a ascensão das mulheres à liderança, especialmente no campo da saúde, embora esses padrões se repitam em diversos setores. Um resumo dessas barreiras encontra-se na **Tabela 5.1**.

Tabela 5.1. Barreiras à ascensão de mulheres à liderança

Tipo de barreira	Descrição
Estilo de liderança valorizado	Predominância de modelos autocráticos e hierárquicos, desfavoráveis a estilos colaborativos
Critérios de excelência	Avaliações baseadas em valores masculinizados de desempenho
Redes de mentores e apoiadores	Ausência de apoio estruturado às trajetórias femininas
Estigmas interseccionais	Racismo, capacitismo e preconceitos que invisibilizam lideranças diversas
Penhasco de vidro (*glass cliff*)	Nomeações em contextos de crise, com alta rotatividade e risco
Invisibilidade institucional	Falta de reconhecimento das desigualdades nos processos e cultura
Limites da meritocracia	Suposição de que o avanço depende exclusivamente de esforço individual

Estilos de liderança e culturas institucionais

Ambientes organizacionais que valorizam estilos de liderança autocráticos e hierárquicos tendem a desvalorizar práticas colaborativas e relacionais — frequentemente associadas às mulheres. Estudos mostram que líderes do sexo feminino, ao adotarem abordagens empáticas e democráticas, são percebidas como menos eficazes, ainda que esses estilos promovam maior engajamento e motivação nas equipes.[13]

Por outro lado, organizações mais equitativas têm melhor avaliação de lideranças transformacionais e inclusivas — aquelas que incentivam a inovação, valorizam a diversidade e desenvolvem suas equipes.[14]

Além disso, critérios de avaliação baseados em modelos masculinizados — como assertividade extrema, disponibilidade contínua e ausência de vínculos familiares — penalizam as mulheres, reforçando estereótipos e dificultando sua progressão.[15]

Barreiras interseccionais e invisibilidade institucional

A análise de desigualdades de gênero na liderança deve considerar marcadores interseccionais, como raça, classe, deficiência e orientação sexual. A escassa presença de mulheres negras, indígenas, com deficiência ou pertencentes a outros grupos historicamente marginalizados em cargos de decisão revela um padrão persistente de exclusão.

O conceito de interseccionalidade, desenvolvido por Kimberlé Crenshaw (1989), permite compreender como múltiplas formas de discriminação se combinam, agravando barreiras ao reconhecimento, acesso e permanência na liderança.[16]

No caso de pessoas com deficiência, por exemplo, Orkin (2023) aponta que o capacitismo institucional gera obstáculos muitas vezes invisíveis — como a negligência em acessibilidade e a deslegitimação de sua autoridade.[17] Quando políticas e culturas organizacionais falham em incorporar essas dimensões, perpetuam-se desigualdades estruturais silenciosas.

A naturalização das desigualdades e os limites da meritocracia

A crença de que o mérito individual é o único caminho para a liderança desconsidera os fatores sociais que moldam o acesso a oportunidades. No setor da saúde, mulheres enfrentam sobrecarga com dupla jornada, exclusão de redes de apoio e desvalorização baseada em estereótipos de gênero.

Ao adotar a meritocracia como critério supostamente neutro, muitas instituições acabam por invisibilizar formas informais de exclusão — como a falta de convites para cargos estratégicos ou a exigência constante de provar competência. Em vez de corrigir desigualdades, esse discurso reforça estruturas de exclusão.[18,19]

O penhasco de vidro e os riscos da visibilidade sem suporte

Além das barreiras já reconhecidas, estudos recentes alertam para o chamado "penhasco de vidro" (*glass cliff*). Esse conceito, proposto por Bruckmüller e Branscombe (2010), refere-se à tendência de nomear mulheres para cargos de liderança em períodos de crise, quando as chances de fracasso são elevadas.[20,21]

Apesar de parecerem oportunidades, essas nomeações muitas vezes ocorrem sem apoio institucional adequado, expondo as líderes a riscos desproporcionais. O resultado é o aumento da rotatividade e o reforço da percepção de fragilidade da liderança feminina — perpetuando ciclos de exclusão.

Estratégias para a superação do teto de vidro

Embora o jaleco represente autoridade e competência, ele não imuniza contra as desigualdades de gênero. Barreiras invisíveis ainda impedem a ascensão de mulheres à liderança na saúde.[22] No entanto, mudanças sociais, políticas e tecnológicas apontam para possibilidades reais de transformação.

Romper o teto de vidro é uma tarefa coletiva. É essencial contar com redes de mentoras e apoiadoras, especialmente aquelas que já enfrentaram essas barreiras. Homens também devem ser aliados nessa jornada: enquanto o talento continuar a ser filtrado por gênero, o potencial de transformação das organizações — e da sociedade — seguirá limitado.[23]

Exemplos positivos começam a surgir. Países como Noruega e Islândia adotaram políticas de paridade com resultados concretos. No Brasil, algumas empresas e instituições de saúde iniciam políticas de promoção da liderança feminina, ainda que de forma pontual. Casos como os das médicas Dra. Angelita Habr-Gama, pioneira em cirurgia digestiva, e Dra. Albertina Duarte Takiuti, referência em saúde da adolescente, mostram como persistência e inovação podem abrir caminhos, mesmo em contextos adversos.

As estratégias para superar o teto de vidro envolvem ações coordenadas em quatro frentes principais (Tabela 5.2):

1. Transformação cultural e educação

Mudanças culturais sustentáveis começam com educação. A introdução de conteúdos sobre igualdade de gênero desde a infância, combinada com ações de sensibilização em escolas, universidades e ambientes profissionais, contribui para o enfraquecimento do machismo estrutural.[24]

Treinamentos sobre vieses inconscientes e programas de mentoria fortalecem o desenvolvimento feminino e tornam as instituições mais inclusivas. Ambientes diversos não apenas promovem justiça social, como também aumentam a inovação, produtividade e reputação.[25] Importa frisar: essas medidas não buscam "favorecer" mulheres, mas corrigir distorções históricas e garantir igualdade de oportunidades.

2. Avanços legislativos e políticas institucionais

Leis que assegurem equidade salarial, cotas para mulheres em conselhos e cargos executivos e exigência de metas de representatividade têm crescido globalmente.[26] No ambiente organizacional, políticas institucionais claras — com transparência, prestação de contas e estratégias de inclusão — são cruciais para transformar boas intenções em práticas efetivas.

No setor da saúde, ainda há grande resistência em áreas dominadas por homens. A presença de redes de apoio, patrocínio profissional e ações afirmativas pode acelerar mudanças nesse contexto.[27]

3. Tecnologia, inteligência artificial e redução de vieses

A tecnologia pode ser uma aliada na equidade de gênero — mas somente se usada com responsabilidade. Ferramentas de inteligência artificial (IA) aplicadas a processos seletivos e avaliações precisam ser projetadas com critérios éticos, inclusivos e livres de preconceitos.[28]

O uso consciente da IA pode mitigar vieses humanos e democratizar o acesso a oportunidades. No entanto, quando mal aplicada, essa tecnologia apenas reforça desigualdades já existentes.

4. Novos modelos de trabalho e liderança

Modelos tradicionais, rígidos e hierárquicos têm cedido espaço a formas de liderança mais colaborativas e inclusivas. O trabalho remoto e híbrido, impulsionado pela pandemia, mostrou-se eficiente e promoveu maior equilíbrio entre vida pessoal e profissional — fator essencial para a permanência e ascensão das mulheres.[29]

Ao valorizar a flexibilidade, a escuta ativa e a diversidade de estilos, esses novos modelos ampliam o espaço para lideranças femininas e desafiam os padrões historicamente excludentes.

Tabela 5.2. Estratégias para superação do teto de vidro

Eixo estratégico	Ação proposta
Educação e cultura	Formação desde a infância, mentoria, treinamentos sobre viés inconsciente
Políticas institucionais	Cotas, metas de representatividade, redes de apoio, transparência organizacional
Tecnologia e IA	Aplicação ética em recrutamento e avaliação de desempenho
Modelos de liderança e trabalho	Incentivo a práticas colaborativas, trabalho híbrido e estilos inclusivos

Conclusão

Para romper esse teto, é necessário promover uma transformação profunda nas culturas institucionais, adotando políticas de equidade de gênero que vão além da inclusão simbólica. Também se faz imprescindível reconhecer a pluralidade das experiências femininas, com atenção especial às barreiras ampliadas enfrentadas por mulheres negras, indígenas, LGBTQIA+, com deficiência ou de outros grupos minorizados, e enfrentar os mecanismos simbólicos e materiais que sustentam a desigualdade.

Superar essas barreiras exige, portanto, mais do que iniciativas pontuais de diversidade. É necessário transformar estruturas institucionais que, muitas vezes, reforçam desigualdades sob o pretexto de neutralidade, reconhecer os diferentes itinerários profissionais e investir em políticas robustas de inclusão e responsabilidade institucional.

Essa mudança demanda uma abordagem sistêmica e interseccional, que reconheça a pluralidade das experiências femininas e enfrente os mecanismos simbólicos e materiais que sustentam a desigualdade. Políticas de promoção de lideranças femininas no campo da saúde devem, portanto, estar atreladas a compromissos institucionais concretos com justiça social, equidade de gênero e enfrentamento das múltiplas formas de opressão.

Referências bibliográficas

1. Lautenberger DM, Dandar VM. The state of women in academic medicine 2018-2019: exploring pathways to equity. Available from: https://www.aamc.org/publications.
2. Lewit RA, Black CM, Camp L, et al. Association of sex and race/ethnicity with National Institutes of Health funding of surgeon-scientists. JAMA Surg. 2021;156(2):195-7.
3. Oliveira DFM, Ma Y, Woodruff TK, Uzzi B. Comparison of National Institutes of Health grant amounts to first-time male and female principal investigators. JAMA. 2019;321(9):898-900.
4. Tsugawa Y, Jena AB, Figueroa JF, Orav EJ, Blumenthal DM, Jha AK. Comparison of hospital mortality and readmission rates for Medicare patients treated by male vs female physicians. JAMA Intern Med. 2017;177(2):206-13.
5. Wallis CJD, Ravi B, Coburn N, Nam RK, Detsky AS, Satkunasivam R. Comparison of postoperative outcomes among patients treated by male and female surgeons: a population based matched cohort study. BMJ. 2017;359:j4366.
6. Johns ML. Breaking the glass ceiling: structural, cultural, and organizational barriers preventing women from achieving senior and executive positions. Perspect Health Inf Manag. 2013 Winter;10:1e. PMID: 23346029; PMCID: PMC3544145.
7. Reeder L. The Cure for Women: Dr. Mary Putnam Jacobi and the Challenge to Victorian Medicine That Changed Women's Lives Forever. St. Martin's Press, 2024.
8. Conselho Federal de Medicina (CFM). Demografia Médica no Brasil 2023. Brasília: CFM, 2023. Disponível em: https://portal.cfm.org.br/publicacoes/
9. Association of American Medical Colleges (AAMC). The State of Women in Academic Medicine 2022. Washington, DC: AAMC, 2022. Disponível em: https://www.aamc.org/.
10. Organisation for Economic Co-operation and Development (OECD). Gender wage gap in health professions. OECD Health Data 2022. Paris: OECD, 2022. Disponível em: https://data.oecd.org/.
11. Klein R, Ufere NN, Rao SR, et al. Association of Gender With Learner Assessment in Graduate Medical Education. JAMA Netw Open. 2020;3(7):e2010888. doi:10.1001/jamanetworkopen.2020.10888
12. Sociedade Brasileira de Oncologia Clínica (SBOC). Comitê de Lideranças Femininas lança manual e discute desafios da carreira para mulheres. Notícia publicada em 9 de novembro de 2024. Disponível em: https://sboc.org.br/noticias/item/3528-comite-de-

liderancas-femininas-lanca-manual-e-discute-desafios-da-carreira-para-mulheres.

13. Bhatti S, et al. The impact of leadership style in team-based primary care – staff satisfaction and motivation. BJGP Open. 2024;8(3):BJGPO.2023.0246. DOI: 10.3399/BJGPO.2023.0246. PMID: 38565253; PMCID: PMC11523516.

14. Mousa M, et al. Experiences of Organizational Practices That Advance Women in Health Care Leadership. JAMA Netw Open. 2023;6(3):e233532. DOI: 10.1001/jamanetworkopen.2023.3532. PMID: 36939704; PMCID: PMC10028487.

15. Smith SG, Sinkford JC. Gender equality in the 21st century: Overcoming barriers to women's leadership in global health. J Dent Educ. 2022;86(9):1144-73. DOI: 10.1002/jdd.13059. PMID: 36165260.

16. Crenshaw K. Demarginalizing the intersection of race and sex: a black feminist critique of antidiscrimination doctrine, feminist theory and antiracist politics. Univ Chicago Legal Forum. 1989;1:139-67. Available at: http://chicagounbound.uchicago.edu/uclf/vol1989/iss1/8.

17. Orkin C. Reflections and intersections: disability, 'ableism' and metamodern leadership. BMJ Leader. 2023;7(2):88-90. DOI: 10.1136/leader-2022-000623. PMID: 37200180; PMCID: PMC12038134.

18. Johns ML. Breaking the glass ceiling: structural, cultural, and organizational barriers preventing women from achieving senior and executive positions. Perspect Health Inf Manag. 2013 Winter;10:1e. PMID: 23346029; PMCID: PMC3544145.

19. Ribeiro D. O que é lugar de fala? Belo Horizonte: Letramento, 2017. (Feminismos plurais).

20. Carneiro S. Mulheres em movimento. Estud Av. 2003;17(49):117-33. DOI: https://doi.org/10.1590/S0103-40142003000300008.

21. Bruckmüller S, Branscombe NR. The glass cliff: when and why women are selected as leaders in crisis contexts. Br J Soc Psychol. 2010;49:433-51. DOI: 10.1348/014466609X466594. PMID: 19691915.

22. Albuquerque F. Mulheres na liderança: desafios e estratégias para romper o teto de vidro. São Paulo: Editora Atlas, 2021.

23. Eagly AH, Carli LL. (2007). Women and the labyrinth of leadership. Harvard Business Review, 85(9), 62-71.

24. Inglehart R, Norris P. Rising tide: Gender equality and cultural change around the world. Cambridge University Press, 2003.

25. UN Women. (2020). Women in leadership: Achieving an equal future in a COVID-19 world.

26. International Labour Organization (ILO). (2022). Women in business and management: The business case for change.

27. Machado MA, Silva DF, Santos MA. (2018). Diferenças salariais entre médicos e médicas no Brasil: uma análise quantitativa. Revista de Saúde Pública, 52, 42.

28. World Economic Forum. (2023). Global Gender Gap Report 2023.

29. UN Women. (2020). Women in leadership: Achieving an equal future in a COVID-19 world.

Rosalind Franklin

(1920-1958)

Química britânica essencial para decifrar as estruturas moleculares do DNA

"Ciência e vida cotidiana não podem e não devem ser separadas. A ciência para mim dá uma explicação parcial da vida. (...) Não vejo razão para que a crença de que somos insignificantes ou fortuitos diminua nossa fé."

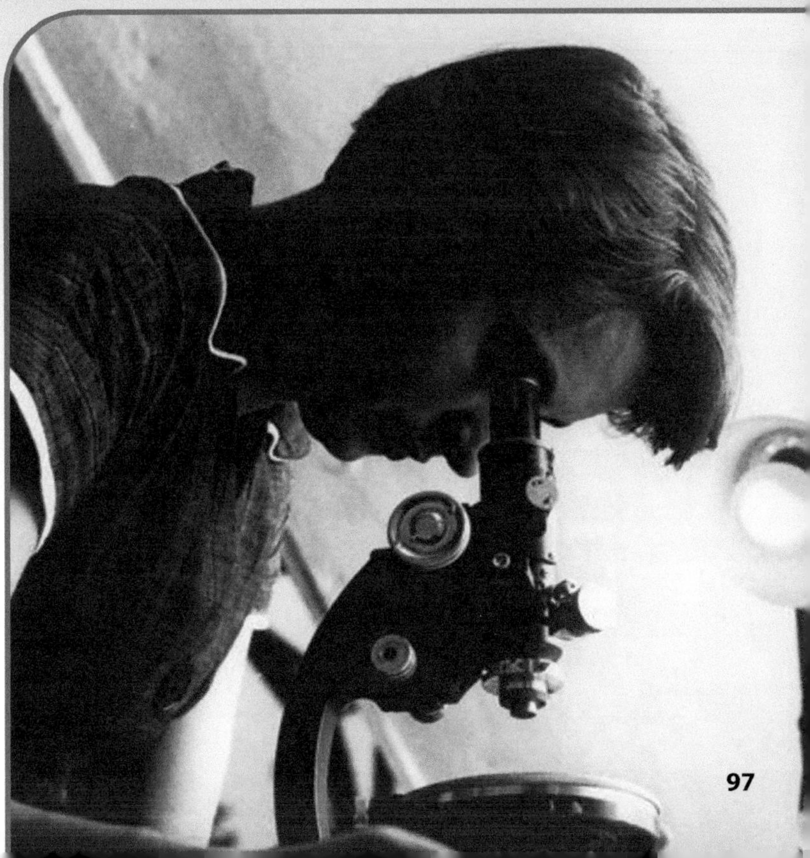

A foto 51, uma imagem de difração de raio-X do DNA, é uma das mais famosas da história da ciência. Foi feita por **Rosalind Franklin**, no laboratório do King's College, em 1952. A nitidez da imagem foi crucial para que Watson e Crick formulassem o modelo de dupla hélice, conquista que renderia o Nobel a eles, mas não a ela.

Rosalind era metódica, exigente e apaixonada pela precisão. Desafiava colegas, resistia ao machismo acadêmico e, apesar de muitos atritos, manteve o foco na pesquisa. Após seu trabalho com o DNA, voltou-se ao estudo de vírus e estruturas cristalinas. Morreu cedo, aos 37 anos, de câncer nos ovários, possivelmente em decorrência da exposição constante à radiação.

Décadas depois, o mundo reconheceu sua importância. O satélite europeu que busca vida em Marte leva seu nome: Rosalind Franklin. A injustiça do esquecimento não apagou seu brilho, na busca pela reparação da invisibilidade. Sua vida prova que o mérito e o reconhecimento nem sempre recebe o crédito imediato, mas permanece, como o DNA, guardado no coração da história.

Elisabeth Kübler-Ross

(1926-2004)

Psiquiatra suíça e estudiosa do luto, escreveu em 1969 o livro "On Death and Dying" e ensinou o mundo a falar sobre a morte

"A morte não é o maior mistério da vida. A vida é o maior mistério. Você não é um grão de poeira sem poder flutuando ao vento... você é uma centelha dançante do divino."

"As pessoas mais bonitas que conhecemos são aquelas que conheceram o sofrimento, conheceram a derrota, o esforço, a perda e encontraram seu caminho para fora das profundezas"

Elisabeth Kübler-Ross nasceu em 1926, na Suíça, como uma das três irmãs trigêmeas. Desde cedo, sentiu-se atraída pelos mistérios da morte — não com medo, mas com respeito. Quando se tornou psiquiatra, nos Estados Unidos, ficou chocada com a forma como os hospitais tratavam pacientes terminais: isolados, ignorados, muitas vezes sedados até que a vida se apagasse.

Ela então os ouviu. Simplesmente sentou ao lado dos leitos e fez perguntas. Assim nasceu, em 1969, o livro On Death and Dying, onde apresentou os cinco estágios do luto: negação, raiva, barganha, depressão e aceitação. O modelo ganhou o mundo e passou a ser usado não apenas por médicos, mas também por psicólogos, educadores e cuidadores.

Mais que uma teórica, Kübler-Ross foi uma humanista. Em seus últimos anos, fundou centros de apoio para pacientes com AIDS e para crianças em fim de vida. Ensinou o mundo a falar sobre a morte, e ao fazer isso, ensinou também a valorizar a vida.

Os Desafios à Liderança Feminina: Síndrome da Impostora

6

Sabrina Rossi Perez Chagas
Camilla Yamada
Camila Venchiarutti
Caroline Chaul
Daniela Dornelles Rosa

Introdução

A presença feminina na Medicina tem crescido de forma significativa nas últimas décadas, refletindo avanços sociais e a conquista de espaços historicamente ocupados por homens. No entanto, apesar dos ganhos em representatividade, as mulheres médicas enfrentam desafios específicos que afetam sua saúde mental, bem-estar e desempenho profissional. Um dos fenômenos mais relevantes nesse contexto é a Síndrome da Impostora (SI), ou fenômeno da impostora, descrita inicialmente por Clance e Imes em 1978 em um estudo com mulheres, caracterizando mulheres de alto desempenho que, apesar de suas conquistas objetivas, persistem em duvidar de sua competência e vivem com medo recorrente de serem desmascaradas como "fraudes".[1-4]

A SI é definida pela incapacidade de internalizar o sucesso e pela tendência a atribuir conquistas a fatores externos, como sorte ou circunstâncias, ao invés de mérito próprio. Essa dificuldade em aceitar o próprio valor profissional gera sentimentos crônicos de inadequação, autossabotagem e ansiedade, podendo levar a um ciclo de sobrecarga, exaustão emocional e, frequentemente, *burnout*.[2-4]

Estudos demonstram que a SI é altamente prevalente no ambiente médico e entre minorias, com taxas que variam de 22% a 60% entre médicos e estudantes de medicina.[3-4] Entre as mulheres, essa prevalência tende a ser ainda maior, refletindo pressões adicionais relacionadas a expectativas sociais, duplo vínculo (alta exigência profissional e pessoal) e ambientes competitivos ou pouco acolhedores.[2,3,5,6] Em revisões sistemáticas, a SI foi identificada em até 44% dos residentes de clínica médica.[2] Dados recentes apontam que médicas residentes apresentam níveis mais elevados de *burnout* e SI quando comparadas a seus pares do sexo masculino, com consequências relevantes para a saúde mental, incluindo aumento do risco de depressão, ansiedade e até ideação suicida.[3,6]

Os sintomas da SI incluem autodepreciação, perfeccionismo, autocrítica exacerbada, dificuldade de aceitar elogios, medo constante de falhar, procrastinação e sensação de não pertencimento.[2-4] Esses sentimentos frequentemente se intensificam em momentos de transição, como ingresso na residência, promoção a cargos de liderança ou mudanças institucionais – etapas que demandam adaptação contínua e frequentemente são acompanhadas de pouca orientação e suporte institucional.[3,5]

A importância de discutir a SI no contexto, principalmente entre médicas, reside em seus impactos amplos e profundos. A SI está associada a menor satisfação profissional, pior desempenho no trabalho, aumento de *burnout*, pior qualidade de cuidado ao paciente e maior intenção de abandono da carreira médica, especialmente entre mulheres.[3,4,6] Além disso, fatores como discriminação de gênero e raça, falta de modelos femininos de sucesso, cultura institucional pouco acolhedora e ausência de estratégias de enfrentamento eficazes agravam o quadro e dificultam o reconhecimento e tratamento do problema.[5,7]

Portanto, compreender e abordar a SI entre mulheres na Medicina é um passo fundamental para promover ambientes profissionais mais saudáveis, equitativos e produtivos, beneficiando não apenas as médicas, mas toda a equipe de saúde e, consequentemente, os pacientes.

Por que as mulheres médicas são mais afetadas?

A SI e a disparidade salarial entre homens e mulheres são questões interligadas, estando ambas relacionadas a questões de gênero. O "1º Relatório Nacional de Transparência Salarial e de Critérios Remuneratórios" identifica que mulheres ganham 19,4% a menos que os homens no Brasil.[8] Em cargos de dirigentes e gerentes, por exemplo, a diferença de remuneração chega a 25,2%.[8] Em 2022, o salário mediano de contratação das mulheres negras corresponde a 82% da média, enquanto o dos homens não negros era 19% superior à média. A remuneração média das mulheres equivale a 68% do valor médio e o salário dos homens não negros era 27,9% maior que o valor médio.[9] Os dados revelam que, no Brasil, as mulheres seguem sendo sistematicamente menos reconhecidas e remuneradas do que os homens, refletindo uma persistente desigualdade de gênero no mercado de trabalho.

Ao longo dos últimos anos, as mulheres vêm alcançando paridade gênero entre os graduados em escolas de Medicina, entretanto, ainda estão significativamente subrepresentadas em cargos de liderança na Medicina acadêmica, especialmente em cargos de diretoria.[3] A escassez de mulheres em cargos de liderança contribui para a perpetuação de estereótipos de gênero e limita a formação de modelos positivos para jovens profissionais. Quando há poucas mulheres visivelmente ocupando espaços de poder, transmite-se — ainda que de forma implícita — a mensagem de que liderança é uma atribuição masculina.[10]

Essa ausência simbólica pode desestimular aspirações de liderança entre mulheres, enfraquecer a autoconfiança e reforçar sentimentos como a Síndrome da Impostora. Além disso, compromete a diversidade de perspectivas na tomada de decisões institucionais, o que limita e dificulta o avanço de políticas inclusivas. A ausência de modelos femininos na liderança impacta não só o presente, mas também as futuras gerações, reduzindo a ambição e as oportunidades de meninas e mulheres, que não se veem representadas nos espaços de influência.

Uma possível explicação para essa disparidade são os vieses atualmente implícitos em nossa sociedade. O ambiente de subvalorização da mulher afeta interações e decisões em todos os níveis da formação médica e da academia, por exemplo, com influência em cartas de recomendação, decisões de admissão e atribuição de autoria em publicações.[11] Nossa sociedade contemporânea, ainda que de forma inconsciente, incentiva os homens a adotar comportamentos envolvidos em atividades agentes (assertividade, competitividade e autonomia), estimulando a busca por posições de destaque e melhor remuneração, enquanto encoraja as mulheres a exercerem apenas comportamentos comunitários (cuidado, empatia e colaboração) focada em contribuições para o grupo como um todo. Durante sua formação, é bastante provável que as mulheres sejam mais incentivadas a escolher especialidades que envolvam serviços de cuidados tradicionalmente femininos, que historicamente são menos reconhecidos, e possuem remuneração mais baixa. Estudos apontam que, quanto maior o número de mulheres em uma determinada especialidade médica, menor tende a ser a remuneração global dessa especialidade.[12,13]

As taxas de SI são significativamente maiores entre mulheres quando comparadas a médicos homens, inclusive entre aqueles que ocupam cargos de liderança.[13,14] O ambiente persistente de vieses implícitos e preconceito de gênero propicia o questionamento interno do lugar da mulher na Medicina, reduz as ambições progressão de carreira e de liderança. Fomenta o atraso no reconhecimento baseado em mérito, assim como de promoções e melhores negociações salariais.

Em paralelo, médicas enfrentam, de forma desproporcional, maiores responsabilidades domésticas e com os cuidados infantis em comparação aos seus colegas homens.[15] Essa sobrecarga extra impacta negativamente a disponibilidade de tempo para atividades acadêmicas e contribui para esgotamento físico e psicológico da mulher. A SI tem sido associada à ansiedade, depressão, ao *burnout*, à ideação suicida e a uma menor sensação de realização profissional.

O reconhecimento baseado em mérito e competências, assim como a equiparação salarial em relação aos homens, são fundamentais ao longo de toda a trajetória profissional das mulheres na medicina. A correção dessa distorção histórica é essencial para combater a SI e promover um ambiente de trabalho mais justo, equilibrado e equitativo.

Superando a Síndrome da Impostora: estratégias pessoais e institucionais na prática médica

Apesar de silenciosa, a SI exerce um impacto profundo sobre a trajetória de médicas em todas as fases da carreira, especialmente em contextos de alta exigência, como a residência médica, a docência e a liderança institucional. Diante da prevalência elevada desse fenômeno entre mulheres na Medicina e de suas repercussões no bem-estar, desempenho e permanência profissional, torna-se imperativo discutir estratégias eficazes para seu enfrentamento. As abordagens mais consistentes associam ações pessoais, voltadas à reestruturação cognitiva e emocional, com medidas institucionais capazes de transformar os ambientes médicos em espaços mais equitativos, reflexivos e sustentáveis.[2,16,17]

O tratamento e o manejo da SI variam de acordo com o nível de prejuízo causado individualmente. Nenhuma intervenção isolada trará uma solução de forma completa. Questões multifatoriais, exigem uma abordagem abrangente, desde a conscientização pessoal até mudanças institucionais.[16] É importante a elaboração de um plano terapêutico personalizado, com base na gravidade do impacto da SI sobre a vida da paciente.[18]

Contudo, as estratégias pessoais só produzem mudanças sustentáveis quando encontram respaldo em instituições comprometidas com a equidade. A SI não é apenas resultado de crenças distorcidas individuais, mas também reflexo de culturas organizacionais que reforçam a sobrecarga, silenciam a vulnerabilidade e desvalorizam competências relacionais. Portanto, o enfrentamento eficaz da SI passa, inevitavelmente, por mudanças estruturais.[16]

Estratégias pessoais

Consciência e nomeação do fenômeno

No plano individual, o primeiro passo terapêutico consiste no reconhecimento do fenômeno e nomeá-lo pelo que ele é: um padrão psicológico recorrente e amplamente documentado, e não uma evidência real de incompetência ou inadequação. Muitas mulheres mantêm seus sentimentos de fraude como um segredo bem guardado, o que perpetua o isolamento e reforça o ciclo de autossabotagem. Conforme relatado por *Clance e Imes* (1978),[1] a SI raramente é apresentada como queixa principal em psicoterapia. Ela emerge tardiamente, muitas vezes após sucessivos fracassos em lidar com crises de ansiedade, perfeccionismo ou autoexigência extrema. Segundo as autoras, a "impostora" está tão convencida da veracidade de sua crença que inicialmente nada parece capaz de modificá-la. Além disso, há o temor de julgamento: "Se eu contar o que sinto, os outros vão descobrir que sou realmente uma fraude".[16] O simples ato de reconhecer que esses sentimentos são parte de uma experiência comum — especialmente entre profissionais de alta performance, como médicas — já representa um movimento terapêutico importante.

Quando se compreende que os pensamentos de "não ser boa o suficiente" ou de "ter tido apenas sorte" não são verdades absolutas, mas sim distorções cognitivas associadas a um fenômeno estudado, abre-se espaço para a autocompaixão e para o questionamento desses padrões. Essa diferenciação entre o que *se sente* e o que se *é* ajuda a enfraquecer o vínculo emocional com a autocrítica. A nomeação do fenômeno, por si só, já possibilita uma mudança de narrativa interna: de uma história solitária e envergonhada para uma vivência compartilhada e compreendida à luz da psicologia.[20]

É importante ressaltar que esse processo não se trata de negar os sentimentos, mas de colocá-los em perspectiva. Em vez de tomar pensamentos autodepreciativos como verdades absolutas, a profissional passa a reconhecê-los como manifestações de um padrão — algo que pode ser observado, questionado e, eventualmente, transformado. Trabalhar essa consciência, seja em psicoterapia, em grupos de apoio ou por meio de leitura e reflexão, permite que a médica construa uma nova relação com sua trajetória, reconhecendo seus méritos com mais clareza e desenvolvendo uma autoconfiança mais sólida e sustentável.[21]

Resiliência psicológica e registro objetivo de conquistas

Oferecer treinamento em resiliência psicológica também é uma estratégia fundamental para promover o bem-estar. Implementar esse treinamento precocemente, se possível, ainda na faculdade de Medicina, pode fortalecer a resiliência a longo prazo. Em situações críticas, pausar para momentos de atenção plena *(mindfulness)* pode ser altamente benéfico, bem como, meditação ou oração. Além disso, a autorreflexão é um componente essencial da resiliência.[16] Ao final de cada dia, realizar práticas reflexivas para reconhecer os próprios esforços e resultados positivos, por menores que sejam. Reconhecer esses padrões e trabalhar ativamente para interrompê-los pode ajudar a mitigar a insegurança. Além disso, gerenciar expectativas e demandas continua sendo crucial. Priorizar o que é verdadeiramente significativo, cultivar a autocompaixão e demonstrar gentileza consistentemente aos outros. Um diário de gratidão pode ser uma ferramenta simples, porém eficaz — dedicar apenas cinco minutos diários a ele pode ajudar a reduzir os níveis de estresse, melhorar o bem-estar e promover um senso de conexão com seu trabalho e as pessoas ao seu redor.[19] Dedicar apenas cinco minutos por dia para registrar três coisas pelas quais você se sente grata pode reduzir os níveis de estresse, melhorar o bem-estar e reforçar a conexão com o seu trabalho e com as pessoas ao seu redor.

Embora programas individuais de desenvolvimento da resiliência tragam benefícios concretos, é importante reconhecer que fatores psicossociais mais amplos, presentes no ambiente de trabalho em oncologia, também exercem um papel significativo no aumento do estresse e do *burnout*. Em situações críticas, pausas conscientes e intencionais podem ser extremamente benéficas. Permitir-se recuar, respirar e recuperar a perspectiva é uma prática simples, mas poderosa. Quando possível, incluir momentos de meditação, oração ou silêncio pode favorecer o equilíbrio emocional. A autorreflexão também é um componente essencial da resiliência. Ao final de cada dia, reserve alguns instantes para reconhecer seus esforços, por menores que pareçam. Essa prática não se trata de autopromoção, mas sim de desenvolver uma postura consciente de valorização das próprias ações, reconhecendo contribuições significativas e resultados positivos que, muitas vezes, passam despercebidos. Identificar padrões de autocrítica e trabalhar ativamente para interrompê-los pode ser um passo importante para reduzir a autossabotagem e o sentimento de inadequação. Além disso, gerenciar expectativas e demandas de forma realista é crucial. Priorize o que realmente importa, cultive a autocompaixão e procure estender empatia e gentileza a si mesma e aos outros.[21] Ao final, o objetivo não é apenas alcançar a excelência profissional, mas também nutrir o bem-estar pessoal, cultivar relações significativas e construir uma trajetória que una sucesso com realização e sentido.

Busca ativa de mentorias

A mentoria é uma ferramenta amplamente reconhecida como protetora.[22] Mentores atuam como validadores externos, ajudam a interpretar desafios sob novas perspectivas e oferecem oportunidades concretas de crescimento. Diferente de uma postura passiva, em que se espera ser reconhecida ou convidada para determinadas oportunidades, adotar uma atitude proativa na construção de relações com mentores é uma forma de assumir responsabilidade pelo próprio desenvolvimento profissional.[22] Mentores — tanto homens quanto mulheres — que reconhecem o potencial da profissional, oferecem validação genuína e encorajam a progressão na carreira, atuam como importantes agentes de mudança, especialmente para médicas que enfrentam dúvidas constantes sobre seu merecimento.

A presença de modelos positivos tem o poder de contrabalançar as narrativas internas de inadequação que marcam a experiência da SI.[23] Quando um mentor experiente expressa confiança na capacidade técnica e intelectual da médica, isso não apenas reforça sua autoconfiança, mas também amplia sua percepção de pertencimento no ambiente profissional. Além disso, mentores podem abrir portas para oportunidades concretas — como pesquisas, publicações, apresentações e cargos de liderança — que, ao serem vivenciadas com apoio e *feedback* construtivo, fortalecem o senso de competência da profissional.

É fundamental que essa rede de mentoria seja diversificada, incluindo tanto mulheres que possam oferecer identificação e compreensão das experiências de gênero na Medicina, quanto homens aliados que reconheçam essas questões e estejam comprometidos com a equidade.[24] O papel do mentor, nesse contexto, vai além de ensinar ou orientar tecnicamente: trata-se de validar a trajetória da profissional, celebrar suas conquistas e, principalmente, incentivá-la a ocupar espaços de visibilidade e liderança. Para mulheres que frequentemente duvidam do próprio valor, essas figuras tornam-se essenciais na reconstrução de uma narrativa mais justa, sólida e realista sobre suas capacidades.

Psicoterapia

A psicoterapia — sobretudo em grupo — exerce um papel crucial. Ambientes terapêuticos compostos por outras mulheres bem-sucedidas, que verbalizam as mesmas dúvidas, provocam alívio imediato e validam a experiência como um fenômeno coletivo, não como uma falha individual. O grupo favorece o espelhamento: uma mulher que se julga incompetente pode se surpreender ao ouvir outra, com carreira brilhante e respeitada, afirmar sentir-se igualmente inadequada.[25] Outro recurso terapêutico importante é o treino da autoafirmação. A paciente é encorajada a desempenhar, mesmo que como encenação, o papel de alguém confiante. Essa inversão simbólica, frequentemente, revela fantasias escondidas de grandeza que coexistem com a dúvida e ajuda a paciente a elaborar o medo de se destacar.[25]

Entre outras intervenções sugeridas estão a Terapia Cognitivo-Comportamental (TCC) e a psicoterapia convencional, além de apoio farmacológico nos casos em que a SI coexista com quadros de depressão ou transtornos de ansiedade. Embora a farmacoterapia específica para o fenômeno ainda não esteja definida, há reconhecimento crescente da interseção entre SI e saúde mental.[18]

Oficinas educativas, grupos reflexivos, rodas de conversa e programas de apoio psicológico devem ser integrados à formação médica desde a graduação. Atividades interativas com foco no reconhecimento da SI aumentam a consciência sobre o fenômeno, favorecem o apoio entre pares e reduzem comportamentos autossabotadores. Iniciativas digitais — como grupos de *coaching online*, encontros temáticos e plataformas com suporte psicológico — têm se mostrado eficazes, especialmente entre médicas residentes, que enfrentam alta carga horária e acesso limitado a serviços presenciais.[26]

Estratégias institucionais

As intervenções institucionais devem incluir mudanças, como garantir tempo protegido para intervalos, limitar a sobrecarga administrativa não clínica, implementar programas de apoio à saúde mental e revisitar as avaliações de desempenho para enfatizar a qualidade do atendimento.[16] A literatura carece de avaliações ponderadas sobre os tratamentos para a SI, como um todo. É importante que cuidadores, professores e empregadores estejam atentos à probabilidade da SI e em populações sob seus cuidados e assim, tomar medidas para mitigar esses sentimentos.[2] A SI é real e pode impedir o progresso profissional; o antídoto está na mentoria, na liderança e na coragem de ser "corajoso, não perfeito".[26]

Criação de espaços seguros para discussões de gênero e liderança

Grupos compostos por colegas de profissão, que compartilham de desafios semelhantes, oferecem um ambiente seguro para a troca de experiências, a normalização das inseguranças e a desconstrução do mito da perfeição.[27] No entanto, médicas e outras profissionais de alto desempenho costumam resistir à ideia de expor suas fragilidades — razão pela qual esses espaços terapêuticos precisam ser cuidadosamente planejados para promover acolhimento, sigilo e empatia, reduzindo o estigma associado à SI. Falar sobre os sentimentos de impostora não é sinal de fraqueza. Pelo contrário: é um passo importante rumo à reconexão com a própria trajetória, à restauração da autoconfiança e à construção de uma prática profissional mais leve e sustentável.

Mentorias e supervisão para mulheres

A supervisão personalizada, assim como uma mentoria acessível e consistente, são elementos fundamentais no desenvolvimento de oncologistas em início de carreira.[24] Modelos de referência — ou *role models* — exercem um papel crucial na superação da SI, ao reforçarem o senso de valor pessoal e validação profissional. Mais do que inspiração, esses modelos oferecem direcionamento prático. Eles podem orientar jovens oncologistas nos caminhos para o sucesso acadêmico, incluindo estratégias para publicação científica, captação de recursos, desenvolvimento de habilidades de comunicação, pensamento crítico e formulação de perguntas relevantes. Além de compartilharem suas conquistas, esses profissionais experientes também podem revelar como enfrentaram desafios, fracassos e momentos de dúvida — narrativas essenciais para a construção da resiliência emocional e profissional. Observar e aprender com pessoas bem-sucedidas contribui para reformular a percepção de sucesso e fortalecer a crença na própria capacidade.

Contudo, garantir o desenvolvimento contínuo da carreira, planejamento profissional e acesso a oportunidades requer um sistema de suporte estruturado. Nesse sentido, iniciativas como o Programa Virtual de Mentoria da ESMO (*European Society for Medical Oncology; https://www.esmo.org/career-development/young-oncologists-corner/about-young-oncologists-corner/esmo-virtual-mentorship-programme/about-the-esmo-virtual-mentorship-programme?utm_source=chatgpt.com*) se destacam. Através desse programa, jovens oncologistas são conectados individualmente a líderes da ESMO, em uma mentoria personalizada voltada ao aprendizado individualizado, orientação de carreira e suporte adaptado às necessidades específicas de cada participante. Outras organizações oncológicas internacionais também oferecem programas semelhantes, o que reforça a importância da mentoria estruturada na promoção do crescimento profissional e no fortalecimento da resiliência entre oncologistas em formação.

Promoção de modelos femininos de sucesso em cargos de decisão e representação acadêmica

A visibilidade de modelos femininos de sucesso em cargos de liderança, decisão e representação acadêmica desempenha um papel fundamental no enfrentamento da SI entre médicas.[2] Quando mulheres veem outras mulheres ocupando espaços de destaque — seja na chefia de serviços, na coordenação de pesquisas clínicas ou em posições de liderança institucional — ocorre uma natural ampliação do repertório de possibilidades profissionais. Mais do que inspiração, essas presenças funcionam como evidência concreta de que é possível ascender, pertencer e liderar, mesmo em contextos historicamente dominados por homens.

A ausência ou a escassez de figuras femininas em posições de prestígio pode, ainda que inconscientemente, reforçar a percepção de que essas posições não são "para mulheres", alimentando dúvidas internas sobre competência e merecimento. Já a promoção ativa desses modelos, por meio de participação em eventos científicos, publicações, comissões avaliadoras e cargos administrativos, ajuda a reverter essa lógica excludente. Essas mulheres líderes tornam-se referências próximas, com trajetórias reais e desafios compartilhados, o que contribui para normalizar sentimentos de ambivalência e demonstrar que o sucesso feminino também é marcado por imperfeições, aprendizados e superações.[16]

Além disso, a presença de mulheres em espaços de decisão tem um efeito multiplicador: elas tendem a abrir caminhos para outras mulheres, promovendo práticas mais equitativas, incentivando talentos emergentes e contribuindo para ambientes mais inclusivos. A promoção desses modelos não deve ser meramente simbólica, mas intencional e estratégica — reconhecendo e valorizando competências, oferecendo oportunidades reais de crescimento e dando visibilidade às conquistas femininas na oncologia. Dessa forma, constrói-se uma cultura institucional que legitima a presença das mulheres em todas as esferas da Medicina, contribuindo diretamente para a redução dos sentimentos de impostora e para o fortalecimento da autoestima profissional.

Conclusões

A SI raramente se manifesta de forma isolada. Em médicas oncologistas — profissionais frequentemente expostas a altos níveis de exigência, autocobrança e expectativas externas — é comum que sentimentos persistentes de inadequação coexistam com quadros de depressão e ansiedade. Essas comorbidades não apenas intensificam o sofrimento psíquico, mas também podem comprometer o desempenho profissional e o bem-estar pessoal.

Dada a ausência de diretrizes terapêuticas específicas para o tratamento da SI, é fundamental que profissionais que manifestem esses sentimentos sejam rigorosamente avaliadas para sintomas de transtornos ansiosos e depressivos. Quando identificados, esses quadros devem ser tratados com intervenções baseadas em evidências, como psicoterapia cognitivo-comportamental, terapias psicodinâmicas ou, quando necessário, medicação.

Uma vez excluído (ou tratado) esses diagnósticos, a SI precisa ser reconhecida e ter seu tratamento direcionado e implementado. Por não existirem diretrizes bem estabelecidas, lançam-se mão de estratégias pessoais e institucionais para sua superação.

Referências bibliográficas

1. Clance PR, Imes SA. The imposter phenomenon in high achieving women: Dynamics and therapeutic intervention. Psychotherapy: Theory, Research & Practice [Internet]. 1978 [cited 2025 Aug 25];15(3):241–7. Available from: https://doi.apa.org/doi/10.1037/h0086006.
2. Bravata DM, Watts SA, Keefer AL, Madhusudhan DK, Taylor KT, Clark DM, et al. Prevalence, Predictors, and Treatment of Impostor Syndrome: a Systematic Review. J GEN INTERN MED [Internet]. 2020 Apr [cited 2025 Aug 25];35(4):1252-75. Available from: http://link.springer.com/10.1007/s11606-019-05364-1.
3. Hsu CL, Liu CH, Huang CC, Chen HL, Chiu YL, Yang CW. The effectiveness of online educational interventions on impostor syndrome and burnout among medical trainees: a systematic review. BMC Med Educ [Internet]. 2024 Nov 22 [cited 2025 Aug 25];24(1):1349. Available from: https://bmcmededuc.biomedcentral.com/articles/10.1186/s12909-024-06340-y.
4. Gottlieb M, Chung A, Battaglioli N, Sebok-Syer SS, Kalantari A. Impostor syndrome among physicians and physicians in training: A scoping review. Med Educ. 2020 Feb;54(2):116-24.
5. LaDonna KA, Ginsburg S, Watling C. "Rising to the Level of Your Incompetence": What Physicians' Self-Assessment of Their Performance Reveals About the Imposter Syndrome in Medicine. Acad Med. 2018 May;93(5):763-8.
6. Fainstad T, Mann A, Suresh K, Shah P, Dieujuste N, Thurmon K, et al. Effect of a Novel Online Group-Coaching Program to Reduce Burnout in Female Resident Physicians: A Randomized Clinical Trial. JAMA Netw Open [Internet]. 2022 May 6 [cited 2025 Aug 25];5(5):e2210752. Available from: https://jamanetwork.com/journals/jamanetworkopen/fullarticle/2791968.
7. Cokley K, Smith L, Bernard D, Hurst A, Jackson S, Stone S, et al. Impostor feelings as a moderator and mediator of the relationship between perceived discrimination and mental health among racial/ethnic minority college students. J Couns Psychol. 2017 Mar;64(2):141-54.
8. Mulheres recebem 19,4% a menos que os homens, aponta 1o Relatório de Transparência Salarial [Internet]. Available from: https://www.gov.br/mulheres/pt-br/central-de-conteudos/noticias/2024/marco/mulheres-recebem-19-4-a-menos-que-os-homens-aponta-1o-relatorio-de-transparencia-salarial.

9. Remuneração média das mulheres [Internet]. Available from: https://docs.google.com/presentation/d/1Fzz5Jm8iM2LvCMGVjlhwHWlaiYiDuoO7/edit?slide=id.p4#slide=id.p4.

10. Eagly AH, Karau SJ. Role congruity theory of prejudice toward female leaders. Psychological Review [Internet]. 2002 [cited 2025 Aug 25];109(3):573–98. Available from: https://doi.apa.org/doi/10.1037/0033-295X.109.3.573.

11. Ibrahim H, Juve AM, Amin A, Railey K, Andolsek KM. Expanding the Study of Bias in Medical Education Assessment. J Grad Med Educ. 2023 Dec;15(6):623–6.

12. Lautenberger DM, Dandar VM, Raezer CL, Sloane RA. The State of Women in Academic Medicine. 2014 [Internet]. Available from: https://www.aamc.org/data-reports/faculty-institutions/report/state-women-academic-medicine.

13. Bravender T, Selkie E, Sturza J, Martin DM, Griffith KA, Kaciroti N, et al. Association of Salary Differences Between Medical Specialties With Sex Distribution. JAMA Pediatr [Internet]. 2021 May 1 [cited 2025 Aug 25];175(5):524. Available from: https://jamanetwork.com/journals/jamapediatrics/fullarticle/2776156.

14. Iwai Y, Yu AYL, Thomas SM, Fayanju OA, Sudan R, Bynum DL, et al. Leadership and Impostor Syndrome in Surgery. J Am Coll Surg. 2023 Oct 1;237(4):585–95.

15. Yeluru H, Newton HL, Kapoor R. Physician Burnout Through the Female Lens: A Silent Crisis. Front Public Health. 2022;10:880061.

16. Erul E. A Call for Action to Prevent Imposter Syndrome and Burn-Out Among Medical Oncologists. Cancer Control [Internet]. 2025 May [cited 2025 Aug 25];32:10732748251347045. Available from: https://journals.sagepub.com/doi/10.1177/10732748251347045.

17. Slade SJ. Empathy Rounds: Residents Combating Impostor Syndrome. J Grad Med Educ. 2020 June;12(3):351–2.

18. Huecker MR, Shreffler J, McKeny PT, Davis D. Imposter Phenomenon. In: StatPearls [Internet]. Treasure Island (FL): StatPearls Publishing; 2025 [cited 2025 Aug 25]. Available from: http://www.ncbi.nlm.nih.gov/books/NBK585058/.

19. Emmons RA, McCullough ME. Counting blessings versus burdens: An experimental investigation of gratitude and subjective well-being in daily life. Journal of Personality and Social Psychology [Internet]. 2003 Feb [cited 2025 Aug 25];84(2):377–89. Available from: https://doi.apa.org/doi/10.1037/0022-3514.84.2.377.

20. Para E, Dubreuil P, Miquelon P, Martin-Krumm C. Interventions addressing the impostor phenomenon: a scoping review. Front Psychol. 2024;15:1360540.

21. Al Lawati A, Al Rawahi N, Waladwadi T, Almadailwi R, Alhabsi A, Al Lawati H, et al. Impostor phenomenon: a narrative review of manifestations, diagnosis, and treatment. Middle East Curr Psychiatry [Internet]. 2025 Mar 4 [cited 2025 Aug 25];32(1):18. Available from: https://mecp.springeropen.com/articles/10.1186/s43045-025-00512-2.

22. Farkas AH, Bonifacino E, Turner R, Tilstra SA, Corbelli JA. Mentorship of Women in Academic Medicine: a Systematic Review. J Gen Intern Med. 2019 July;34(7):1322–9.

23. Faizan Siddiqui M, Azaroual M. Combatting Burnout Culture and Imposter Syndrome in Medical Students and Healthcare Professionals: A Future Perspective. J Med Educ Curric Dev. 2024;11:23821205241285601.

24. House A, Dracup N, Burkinshaw P, Ward V, Bryant LD. Mentoring as an intervention to promote gender equality in academic medicine: a systematic review. BMJ Open. 2021 Jan 26;11(1):e040355.

25. Seidman AJ, Wade NG, Geller J. The effects of group counseling and self-affirmation on stigma and group relationship development: A replication and extension. J Couns Psychol. 2022 Oct;69(5):701-10.

26. Arleo EK, Wagner-Schuman M, McGinty G, Salazar G, Mayr NA. Tackling impostor syndrome: A multidisciplinary approach. Clinical Imaging [Internet]. 2021 June [cited 2025 Aug 25];74:170–2. Available from: https://linkinghub.elsevier.com/retrieve/pii/S0899707120305519.

27. Baumann N, Faulk C, Vanderlan J, Chen J, Bhayani RK. Small-Group Discussion Sessions on Imposter Syndrome. MedEdPORTAL. 2020 Nov 10;16:11004.

Angelita Habr-Gama

(1933-92 anos)

Primeira cirurgiã coloproctologista do Brasil, enfrentou o preconceito para ser aceita em hospital londrino por ser mulher

"Mulheres não devem aceitar o não quando ele não é racional... negar por negar e, principalmente pelo fato de ser mulher, nunca foi algo a ser tolerado sem uma boa conversa."

Quando **Angelita** chegou ao St. Mark's Hospital, em Londres, nos anos 1960, ouviu um "não" seco: "Aqui não aceitamos mulheres." Ela insistiu. Voltou no dia seguinte, e no outro, e no outro. Só parou quando enfim lhe abriram as portas. "No fim, me aceitaram", contou ela com um sorriso contido, típico de quem enfrenta com elegância os muros da exclusão.

Nascida na Ilha de Marajó em 1933, formada pela Universidade de São Paulo (USP), Angelita foi a primeira mulher na América Latina a dedicar-se exclusivamente à coloproctologia, especialidade que ajudou a desenvolver e institucionalizar. Tornou-se referência mundial em tratamento conservador do câncer de reto, liderou grupos científicos e publicou centenas de trabalhos que influenciam práticas médicas até hoje.

Mas mais que números ou prêmios, Angelita representa uma nova linhagem de cirurgiãs: as que operam com precisão, lideram com rigor e ensinam com generosidade.

Durante a pandemia da Covid19, Angelita e o marido foram infectados pelo vírus Covid-19 quando voltavam de dois congressos médicos em Lisboa e Jerusalém. Angelita foi entubada por 47 dias por complicações pulmonares causadas pelo vírus. Mas se recuperou e voltou a atender em seu consultório no Instituto Angelita e Joaquim Gama, dentro do Hospital Oswaldo Cruz, em São Paulo. Em 2023, aos 90 anos, tornou-se a primeira mulher da América Latina a receber a Medalha Bigelow, da American Surgical Association. Sobre sua trajetória, ela sempre enfatizou: "Mulheres não devem aceitar o 'não' quando ele não é racional."

Zilda Arns Neumann

(1934-2010)

Médica pediatra, sanitarista e fundadora da Pastoral da Criança, que impactou sensivelmente na redução da mortalidade infantil no Brasil

"Não se enganem. Uma gotinha no oceano faz, sim, muita diferença"

(entrevista à revista Época)

Zilda Arns Neumann carregava no olhar sereno e firme o mesmo amor com que nutria suas convicções. Médica pediatra e sanitarista, nascida em Forquilhinha (SC) e formada pela Universidade Federal do Paraná (UFPR) em 1959, ela construiu sua vida acreditando que era possível salvar o mundo — uma criança de cada vez. Em 1983, ao aceitar o convite de seu irmão, o Arcebispo de São Paulo Dom Paulo Evaristo Arns, para criar uma iniciativa ligada à Conferência Nacional dos Bispos do Brasil (CNBB), ela não supunha que a **Pastoral da Criança** se tornaria uma das maiores redes comunitárias de saúde do mundo. O trabalho da entidade impactou sensivelmente a redução da mortalidade infantil no Brasil, além do Estado.

Com o tempo, as estatísticas passaram a falar por si: onde chegava a Pastoral, a mortalidade infantil caía pela metade. As mães aprendiam sobre aleitamento, vacinação, preparo do soro caseiro, tudo com linguagem simples e ações possíveis. "Não se enganem, uma gotinha no oceano faz, sim, muita diferença", ensinava a doutora Zilda, com a sabedoria de quem via no cuidado e na escuta algumas das soluções mais poderosas contra a miséria.

Zilda Arns também fundou a **Pastoral da Pessoa Idosa**, e costumava repetir que seu trabalho não era caridade, mas **justiça social em forma de ternura**. Faleceu em 2010, no Haiti, durante o terremoto que abalou o país. Estava, como sempre, cumprindo sua missão: palestrava para líderes comunitários sobre como proteger os mais vulneráveis. Em 2012, Zilda Arns foi eleita a 17ª maior brasileira de todos os tempos em uma seleção internacional. Em 2015, foi iniciado o processo de beatificação da médica em reconhecimento de sua obra. Em 2023, ela foi inscrita pelo governo brasileiro no Livro dos Heróis e Heroínas da Pátria.

7

Os Desafios à Liderança Feminina: Disparidades em Cargos de Liderança e Remuneração

Abna Faustina Sousa Vieira
Isabella Drumond Figueiredo
Maria del Pilar Estevez Diz
Maria de Fátima Gaui
Samantha Cabral Severino da Costa

Introdução

No setor da saúde, as mulheres representam 71% da força de trabalho global e 59% de todos os graduados em ciências médicas, biomédicas e de saúde. A feminilização dos trabalhadores da saúde é um fenômeno que vem sendo documentado no mundo, principalmente em países de baixa e média renda como países da América Latina, África e China.[1] Entretanto, os setores onde existem mais mulheres são menos prestigiados e mais mal remunerados. As mulheres são seletivamente canalizadas para posições socialmente mais baixas que apontam para carreiras diferenciais dentro da hierarquia de status. Os homens se concentram em cargos socialmente mais altos, o que muitas vezes lhes dá direito a mais poder administrativo sobre as posições dominadas pelas mulheres, reforçando assim a hierarquia de ocupação de gênero.

Apesar dos esforços e implementações de políticas públicas, como o pacto europeu para igualdade de gênero e a recomendação da igualdade salarial,[2] as disparidades em cargos de liderança e remuneração são uma realidade persistente. Esta desigualdade é observada em diversos cenários de atuação, porém mais evidente em áreas de maior status e relevância social.

Somente em 1972, nos EUA, as restrições à admissão de mulheres nas escolas médicas foram efetivamente eliminadas, crescendo o número de estudantes femininas de 10% a cerca de 50% nos dias de hoje. Desde os anos 2000, a proporção de mulheres na Medicina cresceu mais de 20 pp em países como Bélgica, Espanha, Noruega e Países Baixos, chegando a 25,23 pp na Islândia. No mesmo período, o crescimento no Brasil foi de aproximadamente 14 pp. Vale ressaltar que na América do Sul, o Brasil tem menos médicas que a Argentina (56%), mas fica à frente da Colômbia (48,8%), Chile (45,4%) e Peru (42%). Nos países da Organização para a Cooperação e Desenvolvimento Econômico, a alta está relacionada ao maior número de mulheres nos cursos de Medicina e à aposentadoria progressiva das gerações anteriores de médicos, que eram predominantemente masculinas.[3] No entanto, esse aumento não atenuou as desigualdades de gênero na academia e na ocupação de cargos de liderança. Em estabelecimentos acadêmicos, as mulheres assumem mais cargos de educadoras e assistenciais, tendo menos oportunidades em pesquisas clínicas, atividade extremamente valorizada neste meio. Estudo realizado pela Universidade de Columbia aponta que as mulheres representaram 46% do corpo docente total em 2017, um aumento de 40% em relação a 2008, porém, sem um aumento substancial no número de mulheres docentes em cargos de liderança, apenas 18%, percentual inalterado ao longo do período de 10 anos.[2] Consequentemente, essa disparidade se reflete em salários mais baixos para mulheres. De acordo com o diretório de Escolas Médicas, incluindo 43 instituições de ensino médico na América Latina, menos de 1/5 é liderado por mulheres.

Em 1990, apenas 13,5% do fomento do NIH era destinado a pesquisas para a população feminina, cujo foco principal era a saúde reprodutiva. A presença de mulheres em lideranças na academia entre 1996 e 1998 proporcionou a criação de centros de saúde feminina, a inclusão deste tema no currículo médico e a retirada de restrições pelo FDA da participação de mulheres como pacientes em pesquisas médicas. Entretanto, ainda hoje, as mulheres são sub-representadas em ensaios clínicos. Em 2006, apenas 20% dos Institutos do NIH eram chefiados por mulheres, e quando ocorria, dispunham de orçamentos menores do que as unidades chefiadas por homens. Apenas 12,5% de pesquisas translacionais eram oferecidas para pesquisadoras mulheres. Essa disparidade é evidenciada até nas premiações; o prêmio de desenvolvimento científico institucional do NIH oferece salários mais baixos para treinar mulheres na saúde feminina do que em outras áreas.[4]

Nos conselhos editoriais de renomadas revistas médicas, como Journal of the American Medical Association, New England Journal of Medicine e Annals of Internal Medicine, as mulheres representam menos de 20%. Inclusive em conselhos editoriais de revistas cujo tema é prioritariamente desenvolvido por mulheres, como Obstetrics and Gynecology e Journal of Pediatrics.[4]

Há também sub-representação das mulheres nos cargos de liderança das sociedades médicas. Em 130 anos de história da Association of American Medical Colleges, até 2008, nenhuma mulher foi presidente. A American Gynecological and Obstetrical Society teve a primeira mulher na presidência em 2004.[4,5] A Academia Nacional de Medicina Brasileira, fundada em 1829, nunca teve uma mulher como presidente. Em relação aos integrantes das academias latino-americanas em 12 países, uma minoria é mulher, 3% na Argentina, 5% no Brasil e aproximadamente 20% no México, Venezuela e Costa Rica.[3]

Entretanto, não apenas no meio acadêmico encontramos a disparidade de chefias entre serviços de saúde. Mulheres predominam em enfermagem, serviço social, nutrição, terapia ocupacional, fonoaudiologia, fisioterapia e em alguns setores médicos normalmente responsáveis pelo cuidado de crianças e mulheres, considerados de menor prestígio e com menores salários. Os homens exercem e chefiam em sua maioria serviços cirúrgicos e clínicos em especialidades ditas nobres. Entre 28 indústrias farmacêuticas no México, apenas duas são lideradas por mulheres. Na China, as médicas ocupam posições de menor prestígio como medicina tradicional chinesa e saúde pública, principalmente em áreas rurais.

Apesar do aumento do número de mulheres na Medicina, os níveis mais altos de gestão, onde são tomadas decisões importantes sobre projetos, operações dos sistemas de saúde e educação médica, continuam com predominância masculina. A primeira-ministra da saúde na América Latina foi em 1969 na Bolívia e quase meio século depois, em 2021, menos de 25% dos ministros da saúde são mulheres na América Latina. O México teve sua primeira-ministra de saúde em 2012. Porém, em 2019, após a lei de paridade eleitoral, com mais mulheres assumindo o governo dos estados, este número aumentou significativamente.[3]

O censo dos oncologistas brasileiros, realizado em 2022 em parceria com o Instituto Datafolha, mostra que 50% dos oncologistas brasileiros são mulheres.[5] No entanto, apenas 13,7% das mulheres ouvidas num estudo sobre equidade de gênero na oncologia brasileira, publicado em abril de 2025 no periódico científico *JCO Global Oncology*, ocupam cargos de chefia em departamentos de oncologia, contra 30,4% dos homens[6]. O estudo mostra ainda que as mulheres ganham menos e enfrentam mais obstáculos para progredir na carreira.

Como apontado, no Brasil e no mundo, mulheres enfrentam muitos desafios ao longo de sua jornada na Medicina. No entanto, esse caminho não é igual para todas. É importante reconhecer que as mulheres advindas de populações minorizadas (aquelas que, mesmo em maior número absoluto, são invisibilizadas na sociedade, como as mulheres negras), percorrem um caminho muito mais árduo. Quer tenha como causa o racismo, a homofobia ou o capacitismo, todos esses mecanismos de discriminação se ancoram no machismo e na misoginia. A diferença de representação desses grupos nos cargos de liderança, em comparação com os demais grupos majoritários, configura mais uma disparidade dentro das disparidades. Em outras palavras, possuir múltiplas identidades de grupos subordinados torna uma pessoa "invisível" em relação àquelas com uma única identidade de grupo subordinado.[7] É o que conhecemos como interseccionalidade: compreender que os sistemas de opressão se sobrepõem e produzem vulnerabilidades específicas. No caso das médicas negras, não se trata apenas de enfrentar o sexismo presente nas estruturas médicas nem apenas o racismo institucional, mas sim de vivenciar as duas formas de discriminação de maneira combinada e intensificada. A ausência de medidas estruturais para reconhecer e combater essas camadas de desigualdade contribui para perpetuar um modelo excludente de hierarquia profissional na Medicina brasileira.

A participação de mulheres na liderança tem impacto em políticas de saúde e costumes, estando, portanto, sujeita a oscilações de acordo com o governo vigente e suas ideologias. O tema de contracepção e aborto é um grande exemplo desta luta. A maioria dos estudos que abordam o tema de equidade de gênero na saúde foi realizada nos EUA, concentrando o foco nas barreiras e causas dessa desigualdade e menos na análise de efetividade de ações e programas realizados com o objetivo de reverter este quadro. Como abordado em capítulos prévios, fatores como a falta de experiência, viéses de gênero, que colocam as mulheres como organizadoras do lar e da família, e ausência de capacidades necessárias para liderança são falsamente mencionados como justificativa para a pouca participação de mulheres em cargos de liderança.[8]

A disparidade de gênero e liderança feminina é um tema relevante no mundo corporativo e acadêmico, sendo objeto de estudos por pesquisadores de vários países. O aumento de mulheres em cargos de liderança vem demonstrando benefícios econômicos e sociais. Entretanto, essa transformação tem sido mais lenta do que o desejado. Para analisarmos este tópico, é necessário contextualizarmos com as conquistas históricas femininas. Este capítulo tem como objetivo descrever a disparidade em cargos de liderança e remuneração na saúde, especialmente na Medicina.

Descrição do capítulo

Apesar dos avanços conquistados nas últimas décadas no que se refere à inserção das mulheres no mercado de trabalho, os dados mais recentes demonstram que a igualdade de gênero ainda está longe de ser alcançada, especialmente quando se analisam os cargos de liderança e as remunerações. O 3º Relatório de Transparência Salarial, divulgado em 2024, evidencia que, mesmo diante do aumento da participação feminina no mercado, persiste uma diferença salarial significativa entre homens e mulheres. De acordo com o levantamento brasileiro, mulheres recebem, em média, 20,9% a menos que seus colegas homens ao ocuparem cargos equivalentes. Quando se considera a renda média geral — incluindo diferentes níveis hierárquicos e funções — a desigualdade chega a 25%, revelando uma estrutura de remuneração desigual e persistente.[9]

Em relação à remuneração média, observam-se discrepâncias marcantes associadas ao gênero e à raça. Homens registram uma média salarial de R$ 4.745,53, ao passo que mulheres, de forma geral, recebem R$ 3.755,01. A desigualdade torna-se ainda mais acentuada quando se analisam os dados específicos de mulheres negras, cuja remuneração média alcança apenas R$ 2.864,39. Esse valor revela um distanciamento expressivo em relação à média salarial de homens não negros, que atinge R$ 6.033,15 (**Figura 7.1**).

A análise dos dados relativos às atividades de atenção à saúde humana, especificamente, evidencia desigualdades salariais substanciais entre homens e mulheres, com agravamento significativo quando incorporado o fator racial. Enquanto os homens apresentam uma remuneração média de R$ 4.715,47, as mulheres recebem R$ 4.114,18 — uma diferença de R$ 601,29, equivalente a uma defasagem de 12,8% na renda média feminina. Contudo, ao se incorporar o marcador racial, observa-se uma desigualdade ainda mais alarmante: as mulheres negras, inseridas no mesmo setor, recebem em média R$ 3.591,39, ou seja, cerca de 63,6% da remuneração média dos homens não negros, que lideram o ranking com R$ 5.648,48. Mesmo em comparação com outras mulheres, a diferença é evidente: mulheres não negras recebem R$ 4.631,17, o que representa um ganho 29% superior ao das mulheres negras (**Figura 7.2**).

PAINEL DO RELATÓRIO DE TRANSPARÊNCIA SALARIAL

Dados Agregados dos Estabelecimentos com 100 ou Mais Empregados - RAIS 2024

53.014	19.001.856	R$ 4.342,24	R$ 2.144,82	79,1%
Quantidade de Estabelecimentos	Quantidade de Vínculos	Remuneração Média	Salário Contratual Mediano	Razão M/H Remuneração Média

Selecione uma UF: Unidade da Federação: Brasil

Clique para visualizar mais opções de mapa

Raça Cor x Sexo	Quantidade de Vínculos	Remuneração Média	Salário Contratual Mediano
Homens	11.275.297	R$ 4.745,53	R$ 2.286,74
Mulheres	7.726.558	R$ 3.755,01	R$ 1.976,10
Homens Negros	6.079.133	R$ 3.647,97	R$ 2.066,01
Homens Não Negros	5.222.822	R$ 6.033,15	R$ 2.660,17
Mulheres Não Negras	3.851.140	R$ 4.661,06	R$ 2.250,00
Mulheres Negras	3.848.760	R$ 2.864,39	R$ 1.783,92

Grande Grupo Ocupacional	Quantidade de Vínculos	Remuneração Média	Salário Contratual Mediano	Razão M/H Remuneração Média	Razão M/H Salário Mediano
Dirigentes e Gerentes	726.796	R$ 15.731,95	R$ 9.815,77	73,2%	70,2%
Profissionais em Ocupações de Nível Superior	2.124.010	R$ 8.815,65	R$ 5.864,80	68,5%	64,5%
Técnicos (as) de Nível Médio	2.362.875	R$ 4.832,57	R$ 2.841,00	66,9%	69,8%
Trabalhadores (as) de Serviços Administrativos	3.516.794	R$ 2.858,71	R$ 1.923,76	79,8%	91,9%
Trabalhadores (as) de Atividades Operacionais	10.271.066	R$ 2.934,55	R$ 1.892,71	66,6%	80,2%

Fonte: RAIS/MTE

Razão da Remuneração Média por Unidade da Federação

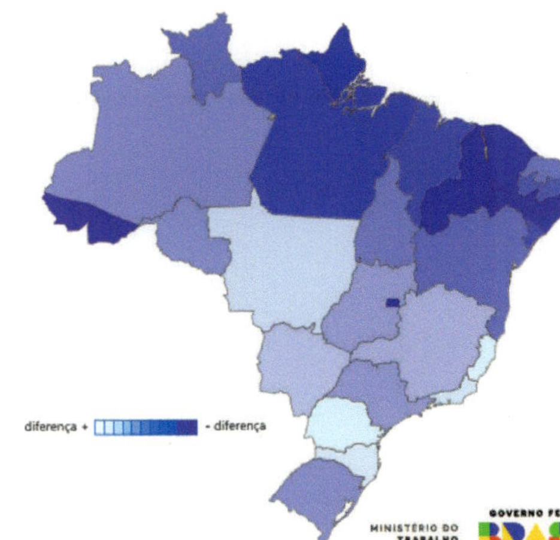

MINISTÉRIO DO TRABALHO E EMPREGO — GOVERNO FEDERAL BRASIL UNIÃO E RECONSTRUÇÃO

Figura 7.1. Painel do relatório de transparência salarial. Dados agregados dos estabelecimentos com 100 ou mais empregados. Fonte: RAIS/MTE

PAINEL DO RELATÓRIO DE TRANSPARÊNCIA SALARIAL

Dados Agregados dos Estabelecimentos com 100 ou Mais Empregados - RAIS 2024

3.164	1.758.415	R$ 4.267,45	R$ 2.364,37	87,2%
Quantidade de Estabelecimentos	Quantidade de Vínculos	Remuneração Média	Salário Contratual Mediano	Razão M/H Remuneração Média

Selecione uma Atividade Econômica: Divisão CNAE — Atividades de Atenção À Saúde Humana

Clique para visualizar todas atividades econômicas

Raça Cor x Sexo	Quantidade de Vínculos	Remuneração Média	Salário Contratual Mediano
Mulheres Negras	642.695	R$ 3.591,39	R$ 2.079,05
Homens Negros	234.500	R$ 3.834,51	R$ 2.116,06
Mulheres	1.311.998	R$ 4.114,18	R$ 2.351,15
Mulheres Não Negras	663.807	R$ 4.631,17	R$ 2.623,84
Homens	446.417	R$ 4.715,47	R$ 2.394,68
Homens Não Negros	217.413	R$ 5.648,48	R$ 2.720,45

Grande Grupo Ocupacional	Quantidade de Vínculos	Remuneração Média	Salário Contratual Mediano	Razão M/H Remuneração Média	Razão M/H Salário Mediano
Dirigentes e Gerentes	25.832	R$ 12.793,32	R$ 8.000,00	76,7%	85,9%
Profissionais em Ocupações de Nível Superior	418.188	R$ 7.504,29	R$ 4.500,00	74,8%	88,2%
Técnicos (as) de Nível Médio	673.253	R$ 3.590,49	R$ 2.267,37	90,7%	84,7%
Trabalhadores (as) de Serviços Administrativos	312.315	R$ 2.544,94	R$ 1.900,55	94,7%	99,2%
Trabalhadores (as) de Atividades Operacionais	328.824	R$ 2.381,44	R$ 1.656,58	88,4%	93,7%

Fonte: RAIS/MTE

MINISTÉRIO DO TRABALHO E EMPREGO — GOVERNO FEDERAL BRASIL UNIÃO E RECONSTRUÇÃO

Figura 7.2. Painel do relatório de transparência salarial. Dados agregados dos estabelecimentos com 100 ou mais empregados. Fonte: RAIS/MTE, 2024.

A comparação histórica desses indicadores evidencia um agravamento da desigualdade. Em 2023, mulheres negras recebiam, em média, 50,3% do salário dos homens não negros; em 2024, essa proporção caiu para 47,5%, sinalizando não apenas a persistência, mas o aprofundamento das disparidades interseccionais no mercado de trabalho (**Figura 7.3**). Esses dados revelam como as múltiplas camadas de discriminação – de gênero e racial – operam de forma cumulativa, limitando o acesso de mulheres negras não apenas a cargos de liderança, mas também à equidade salarial.

Recorte	2023	2024
Estabelecimentos 100+	**50.692**	**53.014**
Estabelecimentos **com 0% a 10% de mulheres negras**	21.680	20.452
Estabelecimentos com cálculo **de salário mediano para diretores e gerentes**	12.205	13.091
Estabelecimentos com cálculo de **remuneração média para diretores e gerentes**	12.126	12.997
Estabelecimentos com **até 5% de diferença no salário mediano**	28.985	30.212
Estabelecimentos com **até 5% de diferença na remuneração média**	16.703	17.380

Figura 7.3. Diferença de remuneração média para mulheres e homens por grupo de ocupações - Brasil 2023-2024.
Fonte: https://www.gov.br/mulheres/pt-br/central-deconteudos/noticias/2025/abril/3o-relatorio-de-transparenciasalarial-mulheres-recebem-20-9-a-menos-do-que-os-homens

Esses números expõem não apenas a permanência da desigualdade de gênero na saúde, mas também o impacto cumulativo do racismo estrutural, que impede que mulheres negras tenham acesso equitativo a oportunidades, reconhecimento e valorização profissional no setor. Em um campo essencialmente feminino, como o cuidado em saúde, a hierarquização salarial permanece atravessada por dinâmicas de exclusão que refletem desigualdades históricas profundamente enraizadas nas instituições brasileiras.

Essa disparidade não pode ser explicada apenas pela maior concentração de mulheres em posições de entrada ou em áreas menos valorizadas economicamente. O relatório demonstra que, mesmo quando homens e mulheres ocupam a mesma posição hierárquica, as profissionais do sexo feminino seguem recebendo salários inferiores, o que aponta para a existência de barreiras estruturais e mecanismos institucionais invisíveis, muitas vezes naturalizados pelas práticas organizacionais. Tais mecanismos contribuem para a reprodução de desigualdades, mesmo em contextos nos quais, teoricamente, haveria igualdade de condições.

Além da diferença salarial, as oportunidades de progressão na carreira também são desiguais. Segundo os dados do mesmo relatório, as mulheres recebem 20% menos promoções ao longo da vida profissional em comparação com os homens. Isso impacta diretamente sua trajetória e capacidade de alcançar cargos de liderança, especialmente em áreas de prestígio e decisão, como a Medicina hospitalar, a gestão acadêmica e as sociedades profissionais. A sub-representação feminina em posições de comando compromete a equidade e a diversidade nas tomadas de decisão que moldam o sistema de saúde.

Além disso, em muitos casos, as mulheres precisam comprovar impacto concreto em desempenho institucional para serem reconhecidas, ao passo que lideranças masculinas são, em geral, avaliadas com base no potencial. Essa diferença de critério reforça padrões de julgamento desiguais e dificulta a ascensão das mulheres aos níveis mais altos da hierarquia.[10]

Outro aspecto alarmante diz respeito às mães solo, que enfrentam uma desvantagem ainda mais acentuada. Mulheres que criam seus filhos sem o apoio de um parceiro apresentam uma diferença de renda de 32% em relação a outras mulheres, o que evidencia a penalização econômica da maternidade e, em especial, da maternidade não compartilhada. A ausência de políticas institucionais de suporte — como creches nos locais de trabalho, horários flexíveis ou licenças parentais mais igualitárias — acentua essa vulnerabilidade. Segundo a pesquisadora Hining, "as mães solo vivenciam uma sobrecarga significativa e a ausência de suporte organizacional agrava ainda mais as barreiras para sua ascensão profissional".

Essas desigualdades se interligam com a divisão desproporcional do trabalho doméstico e de cuidado. Estudos demonstram que as mulheres brasileiras dedicam, em média, 186 horas a mais por ano do que os homens aos afazeres domésticos e ao cuidado de familiares. Essa carga adicional compromete não apenas o tempo disponível, mas também a energia necessária para o engajamento em atividades estratégicas de desenvolvimento de carreira, como networking, participação em eventos científicos e capacitação contínua. Ainda segundo Hining, "essa sobrecarga impacta diretamente a disponibilidade e a energia que as mulheres têm para investir em sua trajetória profissional".

O investimento na liderança feminina deve envolver mudanças estruturais que favoreçam ambientes mais justos, como a adoção de políticas salariais equitativas, licença parental adequada, combate ao assédio, valorização de estilos de liderança colaborativos e garantia de condições para tomada de decisão autônoma.[11,12]

Ainda analisando os dados desse relatório, percebe-se que, embora critérios como tempo de experiência na empresa (76,8%), metas de produção e planos de cargos e salários sejam frequentemente utilizados para definir a remuneração, práticas voltadas à promoção da equidade de gênero e à diversidade permanecem limitadas. Apenas 39% das empresas mencionam ações específicas para promoção de mulheres, o que evidencia a ausência de estratégias estruturadas para corrigir desigualdades históricas. Ainda mais preocupante é a baixa adoção de incentivos à contratação de grupos vulnerabilizados: apenas 24,5% das organizações afirmam possuir políticas voltadas à inclusão de mulheres negras, número que cai ainda mais quando se trata de vítimas de violência (5,6%) e pessoas indígenas (7,5%). A contratação de pessoas LGBTQIA+, chefes de família, mulheres em geral e pessoas com deficiência aparece em percentuais igualmente reduzidos, entre 19% e 21%. Além disso, medidas de apoio à parentalidade, como auxílio-creche (22%) e licenças maternidade e paternidade ampliadas (21,2%), continuam pouco disseminadas. Embora haja algum avanço no reconhecimento da importância da diversidade no ambiente corporativo, os dados indicam que as ações concretas permanecem superficiais, incapazes de enfrentar de forma eficaz as interseções entre gênero, raça, cuidado e desigualdade estrutural no mundo do trabalho (**Figura 7.4**).

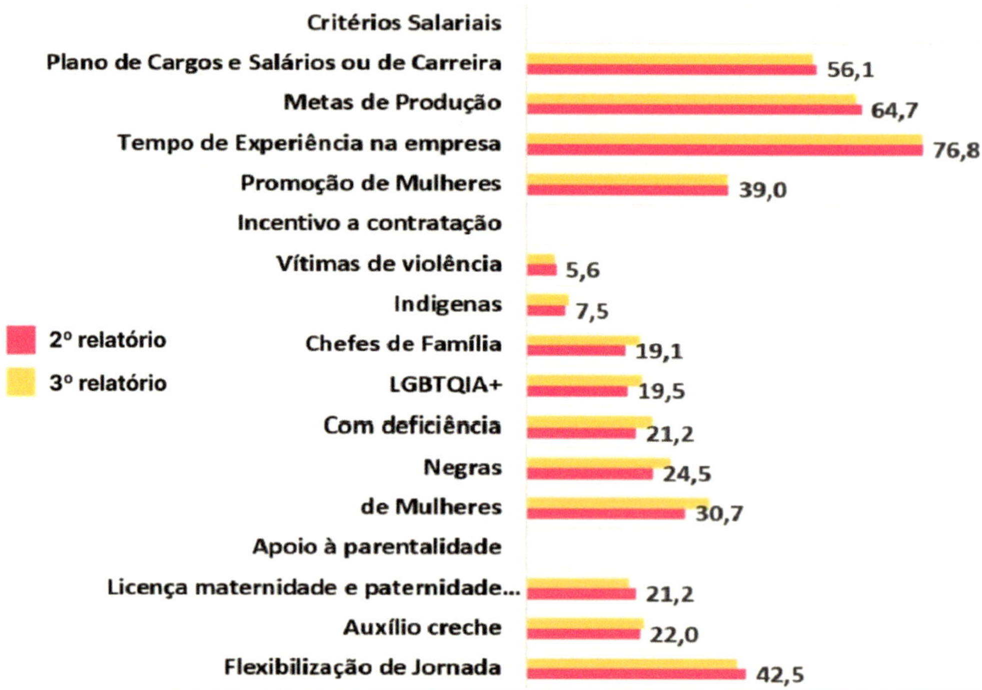

Figura 5.4. Informações adicionais sobre critérios salariais, promoção a diversidade e apoio a parentalidade
Fonte: https://www.gov.br/mulheres/pt-br/central-de-conteudos/noticias/2025/abril/3o-relatorio-de-transparencia-salarial-mulheres-recebem-20-9-a-menos-do-que-os-homens

Impacto da disparidade e mudança organizacional

As consequências da disparidade são múltiplas. A exclusão de mulheres de posições estratégicas contribui para a perda de talentos qualificados, desmotivação, evasão do setor e subutilização de competências. Um estudo publicado no BMJ Global Health evidencia que, além da barreira de acesso, as mulheres enfrentam entraves à permanência e à progressão de carreira, especialmente após eventos como a maternidade, quando há impacto significativo na renda e na participação laboral, fenômeno denominado "*child penalty*".[10] Equilíbrio entre a vida profissional e familiar é imprescindível; há necessidade de que as responsabilidades sejam compartilhadas entre homens e mulheres. A educação das crianças para que essa seja uma prática diária é necessária. A mudança de postura dos empregadores, reconhecendo que ambos os gêneros devem compartilhar essas responsabilidades, é essencial.[13]

Instituições comprometidas com a equidade de gênero devem implementar políticas de suporte à maternidade que reconheçam e mitiguem os impactos desproporcionais enfrentados por mulheres que conciliam trabalho e cuidado familiar. Medidas eficazes incluem a criação de creches nos locais de trabalho, licenças parentais remuneradas, horários de trabalho flexíveis e possibilidade de trabalho remoto. Além disso, é fundamental promover ambientes livres de estigmas relacionados à maternidade, assegurando que a progressão de carreira não seja prejudicada por interrupções temporárias. Tais políticas não apenas favorecem a retenção e valorização de profissionais altamente qualificados, mas também fortalecem o compromisso institucional com a diversidade, inclusão e desempenho sustentável.

A desigualdade salarial de gênero persiste mesmo em níveis superiores de qualificação, como na Medicina. A opacidade nas negociações salariais, combinada a vieses implícitos e à sobrecarga do trabalho não remunerado, contribui para a manutenção dessas lacunas.

A superação dessas desigualdades demanda intervenções estruturais e políticas institucionais multissetoriais. Evidências apontam que a implementação de ações como transparência salarial, promoção de lideranças femininas por meio de programas de mentoria, revisão de critérios de progressão de carreira contribuem para a redução das assimetrias.[13,14]

Adicionalmente, recomenda-se também a incorporação da perspectiva de gênero nos processos de governança institucional, por meio da presença feminina em conselhos deliberativos, bancas de avaliação e comitês de decisão. A criação de indicadores específicos para equidade de gênero na saúde e o monitoramento de sua evolução são fundamentais para a sustentabilidade das mudanças. Conforme ressaltado por Morgan et al., a liderança feminina é um vetor para sistemas de saúde mais responsivos, transparentes e orientados pela equidade.[15]

Políticas de Diversidade, Equidade e Inclusão devem ser implementadas para mudar esse cenário, o que inclui um arcabouço jurídico que norteie ações concretas. A Lei nº 14.611, de 3 de julho de 2023, aborda a igualdade salarial e critérios remuneratórios entre homens e mulheres no ambiente de trabalho, modificando o artigo 461 da CLT. Prevê que empresas com mais de 100 empregados devem adotar medidas para garantir essa igualdade, incluindo transparência salarial, fiscalização contra discriminação, canais de denúncia, programas de diversidade e inclusão e apoio à capacitação de mulheres. Entretanto, está claro que toda lei que aborde um problema tão complexo como este precisa de regulamentação e tempo para que as profundas mudanças sejam efetivamente realizadas.

A paridade entre gêneros pode ser medida por um índice desenvolvido pelo Fórum Econômico Mundial, e o Brasil tem um índice de 72,6%, correspondendo à 57ª posição no mundo. Há, no entanto, uma crescente participação política, com 36,7% de mulheres em posições ministeriais e um aumento nas posições no parlamento (17,7%). Esses elementos mostram um aumento na paridade de poder político (26,3%). Entretanto, nas dimensões participação econômica e oportunidades, tem estagnado com índices baixos. Do ponto de vista de posições técnicas há relativa paridade, mas com relação a salários/proventos a paridade é de apenas 62,8%.[16]

É essencial o envolvimento da sociedade civil e do governo para que modifiquemos esse quadro, aumentando a participação das mulheres na força de trabalho, paridade salarial, auxílio para alcançar posições de liderança, bem como o desenvolvimento de habilidades específicas para cada mulher.

Do ponto de vista do ambiente de trabalho, algumas medidas objetivas podem ser tomadas:

- **Preenchimento de lacunas:** ensinar às mulheres competências específicas, especialmente em torno de tópicos como negociação e apresentação de propostas.
- **O aumento da confiança:** trazer especialistas para auxiliar as funcionárias a serem mais confiantes, reconhecendo seu próprio valor.
- **O efeito sombra:** dar poder às mulheres, estabelecendo programas de mentoria e tutoria desde o início da carreira.
- **A abordagem da cesta de ofertas:** fornecer uma série de recursos sobre temas como o estresse e a saúde mental, com suporte psicológico e oficinas, por exemplo.
- **Aumento proporcional da participação feminina** nas lideranças das sociedades e escolas médicas.
- **Treinamentos** sobre viéses inconscientes e combate ao assédio e à discriminação de qualquer natureza.

Conclusão

Apesar dos avanços conquistados nas últimas décadas, as mulheres ainda enfrentam desafios significativos no âmbito profissional, especialmente em relação ao acesso a cargos de liderança, à equidade salarial e à valorização de suas competências. No Brasil, menos de 20% dos cargos de liderança são ocupados por mulheres. Segundo o IBGE, quando uma mulher assume uma posição executiva, a diferença salarial em relação ao homem em mesma posição pode chegar a 25%. Considerando a participação quase nula em cargos de liderança e o grupo com a menor média salarial, as dificuldades enfrentadas pelas mulheres negras são ainda maiores. Esses dados não refletem falta de qualificação, mas sim barreiras estruturais, culturais e institucionais que necessitam de mudança. A transformação exige um compromisso global de reconhecimento do problema e implementação de políticas concretas, ações coletivas e mudanças culturais. Essas ações necessitam de envolvimento da sociedade como um todo.

Todavia, para êxito, precisam também ser discutidas e implementadas individualmente em cada empresa. Metas de contratação e promoção, transparência e auditorias salariais, divulgação de indicadores de equidade, estímulo à formação de redes de apoio, treinamento contínuo de viés inconsciente, assédio e racismo estrutural são algumas medidas que podem ser implementadas. Em termos sociais e culturais, o foco deve ser a educação, objetivando eliminar estereótipos de gênero que associam liderança à masculinidade e buscando equilibrar as responsabilidades familiares entre o homem e a mulher. Normativas tipicamente masculinas contribuem para a perpetuação dessas disparidades.

Combater a desigualdade de gênero é investir em educação e inovação para que liderança e sucesso não tenham gênero, cor ou orientação sexual, mas sim competência, ética e responsabilidade.

Em suma, as evidências mostram que a desigualdade de gênero no mercado de trabalho, inclusive na Medicina, não se limita apenas a diferenças de remuneração ou à ocupação de cargos. Ela se expressa também em estruturas que reforçam a exclusão, a estagnação e a penalização das mulheres por escolhas que, muitas vezes, são impostas por um sistema que ainda não reconhece plenamente sua diversidade e complexidade (**Tabela 7.1**).

Tabela 7.1. Desigualdade de gênero no mercado de trabalho

Tópico	Descrição	Indicadores/Dados	Propostas e Medidas
Participação feminina em cargos de liderança	Representatividade ainda reduzida na Medicina	Menos de 20% dos cargos de liderança ocupados por mulheres	Metas de contratação e promoção; incentivo à diversidade
Diferença salarial	Persistente mesmo em posições equivalentes	Mulheres executivas ganham até 25% menos que homens na mesma função	Auditorias e transparência salarial
Mulheres negras	Grupo com menor participação em liderança e menor média salarial	Participação quase nula em liderança; menor remuneração média	Combate ao racismo estrutural, viéses implícitos, e instauração de políticas afirmativas
Mulheres LGBT+	Sofrem discriminação interseccional de gênero e orientação sexual	Sub-representação em liderança; maior risco de assédio e exclusão	Políticas de inclusão LGBT+; treinamentos sobre diversidade sexual e de gênero
Mulheres com deficiência (PCDs)	Barreiras físicas, comunicacionais e atitudinais dificultam a ascensão profissional	Menor taxa de empregabilidade e de cargos de liderança	Acessibilidade plena; programas de qualificação e promoção
Barreiras estruturais, culturais e institucionais	Obstáculos não relacionados à qualificação, mas a vieses e desigualdades históricas	Evidências de estereótipos e viéses inconscientes	Treinamento contra vieses, assédio e racismo
Medidas propostas	Educação para equidade	Ações coletivas e individuais nas empresas	Formação de redes de apoio; divulgação de indicadores de equidade
	Mudanças sistêmicas e empresariais		Equilíbrio nas responsabilidades familiares
			Investimento em educação e inovação

Lista de siglas

- AAMC: Association of American Medical Colleges
- BMJ Global Health: British Medical Journal Global Health
- CLT: Consolidação das Leis do Trabalho
- FDA: Food and Drug Administration
- NIH: National Institutes of Health
- OCDE: Organização para a Cooperação e Desenvolvimento Econômico
- PP: Pontos Percentuais
- PCDs: Pessoas com Deficiência

Referências bibliográficas

1. Instituto Europeu para a Igualdade de Género. 2017. Argumento económico para a igualdade de género na UE. https://eige.europa.eu/gender-mainstreaming/policy-areas/economic-and-financial-affairs/economic-benefits-gender-equality.
2. D'Armiento J, Witte SS, Dutt K, et al. Achieving women's equity in academic medicine: challenging the standards. Lancet 2019;393(10171):e15-6.
3. Carnes M, Morrissey C, Gelle SE, et al. Women's Health and Women's Leadership in Academic Medicine: Hitting the Same Glass Ceiling? Journal of Women's Health Volume 17, Number 9, 2008.
4. Knaul FM, Arreola-Ornelas H, Essue MB, et al. The feminization of medicine in Latin America: 'More the merrier' will not beget gender equity or strengthen health systems. The Lancet Regional Health – Americas 2022;8: 100201.
5. https://sboc.org.br/images/CensoSBOCdaOncologiaClinica/Censo-de-Oncologia-no-Congresso-da-SBOC_VERSAO_REVISTA_VERSAO-FINAL.pdf. Acessado em 06/08/2025.
6. Daniele Assad Suzuki, et al. Gender Equity and Workplace Mistreatment in Oncology: Results From a Survey by the Brazilian Society of Clinical Oncology. JCO Glob Oncol 11, e2400323(2025). DOI:10.1200/GO-24-00323.

7. Purdie-Vaughns V, Eibach RP. Intersectional Invisibility: The Distinctive Advantages and Disadvantages of Multiple Subordinate-Group Identities. Sex Roles 59, 377-91 (2008). https://doi.org/10.1007/s11199-008-9424-4.

8. Mathieu Boniol, Michelle McIsaac, Lihui Xu, Tana Wuliji, Khassoum Diallo, Jim Campbell. Gender equity in the health workforce: Analysis of 104 countries. WHO-HIS-HWF-Gender-WP1-2019.

9. Ministério do Trabalho e Emprego. Lançamento do 3º Relatório Nacional de Igualdade Salarial. Atualizado em 07/04/2025. https://www.gov.br/trabalho-e-emprego/pt-br/assuntos/estatisticas-trabalho/relatorio-igualdade/relatorio-transparencia.

10. Adaptado de Women's situation in the labor market. https://commission.europa.eu/strategy-and-policy/policies/justice-and-fundamental-rights/gender-equality/women-labour-market-work-life-balance/womens-situation-labour-market_en.

11. Kabakian-Khasholian T, Banchoff K, Perry K, Prats Nielsen C, Malhotra A, Morgan R. A scoping review on the impact of women's global leadership: evidence to inform health leadership. BMJ Glob Health. 2025;10(2):e013226. doi:10.1136/bmjgh-2024-013226.

12. Global Gender Gap Report, World Economic Forum, June 2023. https://www3.weforum.org/docs/WEF_GGGR_2023.pdf.

13. Coe IR, Wiley R, Bekker LG. Organisational best practices towards gender equality in science and medicine. Lancet. 2019;393(10171):587-93. doi:10.1016/S0140-6736(18)33188-X.

14. Edmunds LD, Ovseiko PV, Shepperd S, Greenhalgh T, Frith P, Roberts NW, et al. Why do women choose or reject careers in academic medicine? A narrative review of the literature. Acad Med. 2016;91(7):1050-63. doi:10.1097/ACM.0000000000001232.

15. Morgan R, Hawkins K, Lundine J. The value of gender diversity in health leadership. BMJ Glob Health. 2018;3(4):e001137. doi:10.1136/bmjgh-2018-001137.

16. Mainardi GM, Cassenote AJF, Guilloux AGA, et AL. What explains wage differences between male and female Brazilian physicians? A cross-sectional nationwide study. MJ Open 2019;9:e023811.

Mary-Claire King

(1946-79 anos)

Geneticista americana, descobriu o gene BRCA1 e ampliou os estudos em câncer de mama nos anos 1990

"Metade das mulheres com risco de ter câncer de mama não sabem. A maioria dos cânceres de mama e ovário hereditários podem ser prevenidos se aqueles que possuem a mutação souberem disso"

(entrevista ao El País)

Nos anos 1970, **Mary-Claire King** fez uma pergunta incômoda: e se o câncer de mama, além de um infortúnio, fosse também hereditário? Suas pesquisas desbravaram um terreno ainda nebuloso da genética. Em 1990, provou que mutações no gene BRCA1 aumentavam drasticamente o risco da doença.

Mas seu trabalho não ficou nos laboratórios. Mary-Claire usou genética para reconhecer crianças sequestradas durante a ditadura argentina, identificando os laços de sangue com as Avós da Praça de Maio. Trouxe ciência ao campo dos direitos humanos, com uma sensibilidade que surpreendia os mais céticos.

Em 2025, foi laureada com o Prêmio Princesa de Astúrias e a Medalha da Academia Nacional de Ciências dos EUA. Mas ela ainda prefere se apresentar de forma simples: "Sou alguém que acredita no poder da genética para fazer o bem." Com uma mente afiada e um coração ético, King mostrou que os genes contam histórias, e que podemos usá-las para salvar vidas e restaurar verdades.

8

Os Desafios à Liderança Feminina: Maternidade

Gisah Guilgen
Letícia Neuenschwander
Sarah Ananda
Carolina Kawamura
Renata Arakelian

Introdução

A história da mulher na Medicina revela um longo caminho percorrido para a conquista de um espaço tradicionalmente masculino, sendo marcada por exclusão, avanços graduais e desafios persistentes. Desde a antiguidade, mulheres desempenharam papéis fundamentais no cuidado dos doentes, muitas vezes como parteiras, curandeiras ou "mulheres sábias", mas sua participação formal foi sistematicamente marginalizada à medida que a Medicina se institucionalizou e se tornou uma profissão regulada por universidades, das quais as mulheres foram excluídas por séculos.[1,2]

A partir do século XIX, movimentos sociais e feministas impulsionaram a luta pelo acesso das mulheres à educação médica. Elizabeth Blackwell tornou-se a primeira mulher a receber um diploma de Medicina nos Estados Unidos em 1849, um marco que inspirou a abertura gradual de escolas médicas para mulheres em diversos países.[3,4] Na Europa, universidades em Zurique e Paris começaram a admitir mulheres em 1860.[1] Já no Brasil, a primeira mulher médica diplomada foi Rita Lobato Velho Lopes, em 1887. No entanto, o progresso foi lento e doloroso, com muitos desafios relacionados não apenas à aceitação das mulheres médicas pela sociedade, mas também pelo impacto da profissão na vida pessoal dessas mulheres.

Um dos principais desafios das mulheres médicas, sem dúvidas, diz respeito a maternidade, uma experiência profundamente transformadora que, para muitas médicas, ocorre em meio a uma das fases mais exigentes de sua formação e consolidação profissional. A maternidade é uma experiência capaz de impactar não apenas a vida pessoal, mas também a trajetória profissional das mulheres.

Assim, discutir maternidade e carreira médica, especialmente na oncologia, é essencial não apenas para dar voz às médicas que vivenciam esses desafios, mas também para transformar estruturas institucionais ainda ancoradas em modelos masculinos de carreira. Ao reconhecer essas barreiras e propor soluções, é possível construir um ambiente mais equitativo, onde médicas possam exercer plenamente sua profissão sem abrir mão de seus projetos pessoais, incluindo o direito à maternidade.

O presente capítulo visa discutir o impacto da maternidade na vida pessoal e profissional de médicas oncologistas, com um relato emocionante de uma mãe, médica oncologista que conseguiu equilibrar com maestria o maternar e sua profissão.

Referências bibliográficas – Introdução

1. From Exclusion to Glass Ceiling: A History of Women in Neonatal Medicine. Obladen M. Neonatology. 2023;120(3):381-9. doi:10.1159/000530311.
2. Women: Medicine, Their Kidneys, and Nephrology. Eknoyan G. Advances in Chronic Kidney Disease. 2013;20(5):382-9. doi:10.1053/j.ackd.2013.03.003.
3. State of Women in Medicine: History, Challenges, and the Benefits of a Diverse Workforce. Joseph MM, Ahasic AM, Clark J, Templeton K.Pediatrics. 2021;148(Suppl 2):e2021051440C. doi:10.1542/peds.2021-051440C.
4. The Evolution of Women as Physicians and Surgeons. Burrow GN, Burgess NL. The Annals of Thoracic Surgery. 2001;71(2 Suppl): S27-9. doi:10.1016/s0003-4975(00)02402-4.

Parte I – Dados estatísticos sobre maternidade e carreira médica/oncológica

A crescente presença feminina na Medicina brasileira é um fenômeno consolidado. Desde 2009, as mulheres são maioria entre os ingressantes na profissão, e, segundo dados do Conselho Federal de Medicina (CFM), em 2023 foram registradas 21.277 novas médicas, frente a 14.120 novos médicos.[1] Ainda assim, o aumento da presença feminina na Medicina não se traduz em igualdade de oportunidades, principalmente quando se observa o recorte da maternidade e a progressão de carreira em especialidades como a oncologia clínica.

Maternidade e desigualdade de gênero na Oncologia

Na oncologia clínica, a disparidade entre homens e mulheres persiste em vários níveis, especialmente quando se trata da conciliação entre vida pessoal e profissional. De acordo com a pesquisa "Liderança feminina na Oncologia",[2] realizada pela Sociedade Brasileira de Oncologia Clínica (SBOC) em parceria com o Datafolha, mulheres oncologistas tem menos filhos que homens oncologistas. Metade (50%) das oncologistas que são mães tem apenas um filho. Já entre os homens, a parcela daqueles que têm apenas um filho é de 25%. Vinte e três por cento dos homens oncologistas tem três filhos ou mais contra apenas 6% das mulheres oncologistas.

Quando o assunto é divisão de responsabilidades entre os pais, a maioria (63%) divide com o(a) parceiro(a) a responsabilidade pelo cuidado com o(s) filho(s), principalmente os homens (79%); Entre as mulheres, 32% são as principais responsáveis pelos cuidados dos filhos, enquanto apenas 6% dos homens dizem o mesmo.[2]

Essa sobrecarga tem consequências diretas. Muitas médicas adiam ou até mesmo desistem da maternidade, por temerem impactos negativos em suas trajetórias profissionais. A jornada de formação prolongada — graduação, residência em clínica médica e oncologia — coincide com os anos mais férteis da mulher. Com uma cultura institucional que ainda valoriza jornadas extensas e produtividade constante, a escolha pela maternidade ainda representa um obstáculo para muitas.[3]

Carreira, licença-maternidade e a penalização da mulher

A ausência de políticas institucionais igualitárias contribui para o chamado "*child penalty*" — termo que descreve a penalização profissional e salarial que mulheres enfrentam após a maternidade. Dados internacionais indicam que mulheres chegam a perder entre 25% e 61% de seus ganhos ao longo de dez anos após o nascimento do primeiro filho, dependendo do país.[4] No Brasil, essa penalização pode representar uma redução de até 29% na renda feminina e o retorno ao patamar pré-gestacional pode levar mais de uma década.[5]

De acordo com a pesquisa do Datafolha, 32% das mulheres oncologistas acreditam que a maternidade impacta muito em sua carreira profissional, contra 12% dos homens.[2]

Na área da saúde, e particularmente na oncologia, a licença-maternidade também é frequentemente encurtada. Médicas retornam ao trabalho com poucas semanas de puerpério, pressionadas pela responsabilidade com os pacientes e por perdas financeiras — já que grande parte da remuneração depende da prática clínica contínua.[2]

Comparativo com dados internacionais

Estudos internacionais corroboram essa realidade. Segundo artigo publicado no *Annals of Surgery* (2023), cirurgiãs apresentam taxas mais altas de infertilidade e complicações obstétricas em comparação a mulheres não médicas.[7] Longas jornadas de trabalho, estresse e ausência de suporte institucional são apontados como fatores determinantes. Além disso, médicas tendem a retardar a gestação, o que aumenta riscos à saúde reprodutiva.

Esses dados mostram que a equidade de gênero na Medicina — e especialmente na oncologia — exige mais do que paridade numérica. É preciso compreender como a maternidade impacta desproporcionalmente as mulheres e implementar medidas institucionais que promovam corresponsabilidade parental, flexibilidade no trabalho e valorização da liderança feminina. Dar visibilidade a esses dados é o primeiro passo para transformar estruturas ainda ancoradas em modelos masculinos de carreira.

Referências bibliográficas – Parte I

1. Conselho Federal de Medicina (CFM). *Demografia médica – Painéis 2024*. Disponível em: https://observatorio.cfm.org.br/demografia/dashboard.
2. Sociedade Brasileira de Oncologia Clínica (SBOC); Datafolha. *Liderança feminina na Oncologia*. Fev 2024.
3. Mulheres na Oncologia. *Revista SBOC*. Edição 2024.
4. Kleven H, Landais C, Posch J et al. *Child penalties across countries: evidence and explanations*. AEA Papers and Proceedings. 2019;109:122-6.
5. Machado C, Rachter L, Stussi M, et al. *Child penalty in STEM: evidence from Brazilian labor market*. IDRC, 2023.
6. Conselho Federal de Medicina (CFM). *Demografia médica no Brasil 2023*.
7. Rangel EL, Castillo-Angeles M, Easter SR, et al. *High infertility rates and pregnancy complications among female surgeons*. Ann Surg. 2023;277(3):435-42.

Parte II – Os desafios da maternidade na carreira médica

A Medicina demanda um alto grau de dedicação não só física, mas também emocional e intelectual. Não raro, é necessário extrapolar a jornada oficial de trabalho para participação em simpósios, congressos e outras atividades de aprimoramento profissional. Além do mais, o cuidado ao paciente muitas vezes demanda disponibilidade permanente, extrapolando horários de descanso, lazer e atividades pessoais. Todos estes aspectos são ainda mais desafiadores na rotina de uma mulher, mãe e médica.

Dupla jornada e cobranças sociais

A figura da médica-mãe é marcada por uma cobrança dupla: excelência técnica no exercício profissional e dedicação irrestrita aos cuidados familiares. Tal realidade escancara desigualdades de gênero profundamente culturais e estruturais no campo da saúde. A maternidade, longe de ser integrada de forma natural à trajetória profissional, frequentemente se torna um obstáculo invisível e silenciado no avanço das médicas em suas carreiras. É uma trajetória marcada por expectativas conflitantes, cobranças internas e externas, e uma pressão constante para desempenhar múltiplos papéis com excelência – muitas vezes, sem espaço para falhas ou pausas.

A mulher médica, ao se tornar mãe, entra em um campo de tensão entre dois arquétipos que a sociedade ainda insiste em preservar: o da mãe totalmente dedicada e abnegada, e o da profissional incansável e impecável. Espera-se que ela esteja presente em casa, emocionalmente disponível para os filhos, responsável pela organização da família e, ao mesmo tempo, atualizada, produtiva e com desempenho de excelência na carreira médica – que, por si só, já exige longas e exaustivas jornadas, com alta responsabilidade.

Certamente, há uma pressão cultural sutil e persistente para que a mulher não demonstre vulnerabilidade. Mostrar cansaço, pedir ajuda ou adiar planos profissionais em função da maternidade ainda é visto, em muitos ambientes, como sinal de fraqueza ou descomprometimento.

A expectativa não só da própria mãe-médica, mas também da família e da sociedade como um todo de que é necessário ser mãe perfeita, esposa presente, mulher atraente e profissional brilhante é alimentada por redes sociais, discursos motivacionais e, muitas vezes, pela própria formação médica, que valoriza o alto rendimento e a resiliência a qualquer custo. Essa busca constante pela perfeição é exaustiva e irreal. Muitas relatam culpa constante: por não estarem com os filhos quando estão trabalhando, e por não estarem produzindo quando estão com os filhos. Essa sensação de nunca ser suficiente é uma fonte de sofrimento crônico.

Estudo publicado no *JAMA Network Open* demonstrou que, apesar do sólido conhecimento sobre o declínio da fertilidade relacionado à idade, três quartos das mais de 1.000 médicas avaliadas adiaram a gravidez e mais de um terço sofreram de infertilidade. Quase metade das mulheres com filhos relatou ter perdido oportunidades de progressão na carreira para conciliar a construção de uma família e a parentalidade.[1] Tal resultado corrobora o conflito entre parentalidade e carreira, o que contribui para as altas taxas de infertilidade e as disparidades de gênero persistentes na Medicina.

Outro estudo entrevistou mais de mil médicas oncologistas, com intuito de avaliar as barreiras ao planejamento familiar e a associação entre preocupações com fertilidade e decisões de carreira. 95% afirmaram que seus planos de carreira estavam, pelo menos de alguma forma, associados ao momento do planejamento familiar; 31% relataram dificuldades com infertilidade, necessitando de aconselhamento ou tratamento; e até 33% relataram discriminação durante a gravidez e a licença-maternidade.[2] Assim, as oncologistas também enfrentam escolhas de carreira difíceis e práticas discriminatórias ao tentar construir uma família. Certamente, mudanças sistêmicas são necessárias para garantir que as mulheres sejam apoiadas e possam progredir equitativamente na oncologia.

A soma de múltiplas exigências, a falta de suporte institucional, tais como políticas de licença maternidade adequadas, flexibilidade de horários, creches hospitalares, e a ausência de espaços de escuta e acolhimento favorecem quadros de exaustão física e emocional, que podem evoluir para *burnout*, ansiedade, depressão ou mesmo ideação de abandono da carreira. O *burnout*, a exaustão emocional e a despersonalização que surgem da fadiga e da insatisfação no trabalho, é um problema em rápido crescimento. Embora o *burnout* seja um problema reconhecido há décadas, nosso sistema de saúde ainda não encontrou uma solução sustentável. As médicas apresentam taxas desproporcionalmente maiores de *burnout* do que médicos, o que representa um risco tremendo para a saúde pública, com seus efeitos graves e debilitantes na saúde inclusive dos pacientes.[3] O *burnout*, neste cenário, não se restringe ao trabalho – ele é multifocal, afetando a esfera profissional, familiar e pessoal. A sensação de estar "apagando incêndios" em todas as áreas da vida, sem tempo para si, é comum e extremamente danosa à saúde mental.

Engravidar na residência: um tabu?

Engravidar durante a residência médica é um tema delicado, muitas vezes evitado ou julgado no meio médico, ainda que seja extremamente relevante. Trata-se de um período em que a mulher está em plena formação profissional, vivenciando jornadas extenuantes, alta pressão emocional e intensa cobrança (inclusive de si mesma). Apesar disso, muitas médicas estão em uma faixa etária biologicamente favorável à gestação e postergar demais pode implicar riscos reprodutivos.

A gestação durante a residência médica traz alguns potenciais desafios, tais como a carga horária extensiva e exaustiva, e a rotina imprevisível. Esses aspectos podem entrar em choque com as necessidades de uma gestação saudável, que requer períodos de repouso adequado, alimentação equilibrada, e a própria necessidade de ir a consultas médicas frequentes. Em alguns casos, a exposição a ambientes de risco como radiação, agentes infecciosos e substâncias anestésicas podem aumentar o risco gestacional. Mesmo após o nascimento, a conciliação entre amamentação, privação de sono e a rotina extenuante dos programas de residência médica impõe desafios imensos.

Em muitos programas, não há protocolos claros para licença-maternidade, redistribuição de carga horária, adaptação das atividades para gestantes e adequação do ambiente para amamentação. Isso faz com que a médica precise negociar individualmente suas condições, frequentemente com receio de represálias ou olhares julgadores de seus superiores e também dos próprios pares. Certamente existe uma pressão velada ou explicita dos colegas, chefes e da própria estrutura institucional, suportando a ideia de que "engravidar durante a residência é uma atitude irresponsável". E para completar este cenário de alta tensão, além do receio de prejudicar o serviço e seus colegas, há a preocupação de perder oportunidades profissionais e de ter o aprendizado prejudicado, o que alimenta ainda mais o senso de culpa e isolamento.

Um estudo publicado em 2022 utilizou busca em 7 bases de dados e incluiu 407 manuscritos, e demonstrou que a gravidez durante a residência médica impactou os colegas devido ao aumento da carga de trabalho. Tal achado resultou em estigmatização e discriminação persistentes, ainda que a produtividade no trabalho e os indicadores acadêmicos tenham se mostrado independentes dos eventos gestacionais. Além do mais, este estudo demonstrou que as médicas incorriam em risco ocupacional, altas taxas de atraso reprodutivo, aborto e tratamento de fertilidade, e maiores índices de complicações obstétricas e fetais, quando comparadas com os controles não conflitantes.[4]

Para as cirurgiãs, o cenário também parece bem complexo. Uma publicação de 2021 no *JAMA Surgery* demonstrou em estudo com 850 cirurgiãs nos Estados Unidos que estas eram mais propensas a adiar a gravidez devido à formação acadêmica, usar tecnologia de reprodução assistida e apresentar complicações na gravidez, em comparação com as parceiras de colegas que não tinham filhos.[5]

Engravidar durante a residência médica não deveria ser um tabu, mas uma possibilidade legítima e digna de acolhimento. É urgente que programas de residência implementem políticas de apoio à gestação e à maternidade, garantindo o direito das mulheres de exercer sua profissão sem abdicar da vida pessoal. Falar abertamente sobre o tema é um passo essencial para quebrar o silêncio e construir um ambiente mais humano e equitativo na formação médica. É necessário também combater a idealização dos médicos e médicas como seres incansáveis. Para a mulher médica, ainda há a expectativa irreal de que ela seja 100% disponível, resiliente e produtiva, escancarando o conflito biológico e pessoal, com os aspectos profissionais, levando ao sofrimento crônico, isolamento social e até ao silenciamento coletivo: muitas se sentem inseguras para compartilhar suas dificuldades e desafios, e para propor soluções não só dentro da sua própria família, mas também no ambiente profissional.

Licença maternidade e retorno ao trabalho

Não existe uma regulamentação clara quanto a licença-maternidade para médicas. Aquelas que trabalham em serviços públicos ou celetistas podem ter mais respaldo legal, mas há vulnerabilidade nas plantonistas, autônomas e residentes públicas em relação ao apoio efetivo.

Após o retorno, a médica frequentemente perde o entrosamento com a equipe e pode ser subestimada. Além do mais, existe um grande desafio para conciliação de sua jornada profissional com o cuidado da família, muitas vezes sem o devido suporte em ambas as esferas. Em muitos locais de trabalho, não há espaço para ordenha, o que pode desencorajar o aleitamento e prejudicar a integridade e bem-estar da médica mãe e da criança.

Assim, as médicas enfrentam árduas barreiras em sua jornada profissional, pessoal e familiar, ao frequentar ambientes de trabalho hostis, conviver com o medo de prejudicar a carreira e de enfrentar a discriminação, e a sobrecarga física emocional de assumir o cuidado da família e obter rede de apoio adequada. Todos estes são aspectos que expõem a disparidade de gênero e a urgente necessidade de intervenção, tanto em nível sistêmico e institucional, como individual, no sentido de buscar abordagem sustentável e equânime, e lutar por políticas públicas que busquem equilibrar e acolher as necessidades das mães médicas. Afinal, há um enorme risco de impacto social, profissional, emocional e financeiro para a médica mãe em toda a sua jornada.

Referências bibliográficas – Parte II

1. Bakkensen JB, Smith KS, Cheung EO, et al. Childbearing, Infertility, and Career Trajectories Among Women in Medicine. JAMA Netw Open. 2023;6(7):e2326192. Published 2023 Jul 3. doi:10.1001/jamanetworkopen.2023.26192.
2. Lee A, Kuczmarska-Haas A, Dalwadi SM, et al. Family Planning, Fertility, and Career Decisions Among Female Oncologists. JAMA Netw Open. 2022;5(10):e2237558.
3. Yeluru H, Newton HL, Kapoor R. Physician Burnout Through the Female Lens: A Silent Crisis. Front Public Health. 2022;10:880061.
4. Casilla-Lennon M, Hanchuk S, Zheng S, et al. Pregnancy in physicians: A scoping review. Am J Surg. 2022;223(1):36-46.
5. Rangel EL, Castillo-Angeles M, Easter SR, et al. Incidence of Infertility and Pregnancy Complications in US Female Surgeons. JAMA Surg. 2021;156(10):905-15.

Parte III – Maternidade e Oncologia: um relato possível

Eu tinha 33 anos, era médica formada, com residência em clínica médica e oncologia clínica, e trabalhava há quatro anos em um grande grupo. Minha carreira estava apenas começando, mas eu — que sempre desejei ser mãe, que sempre me imaginei nesse papel — comecei a sentir uma urgência.

Mas... seria essa a hora? Eu estava apenas começando — e ia parar? Parar? Ou apenas desacelerar, pausar, adiar? O que significava engravidar naquele momento da carreira?

Compartilhei minha angústia com meu marido, também oncologista, que me disse: não existe hora certa — esse é o nosso momento. E fomos.

A vida, como sabemos, raramente respeita nossos planos. Depois de meses de tentativas, veio o diagnóstico: baixa reserva ovariana. Eu poderia continuar tentando naturalmente ou partir para a fertilização in vitro. Prática, resolutiva, escolhi o caminho que me parecia mais objetivo. E lá estava eu, às seis da manhã, antes dos atendimentos, fazendo ultrassons seriados, contagem de folículos, tomando medicações e me frustrando a cada ciclo em que os folículos não se desenvolviam.

Após meses de uma rotina emocionalmente exaustiva, finalmente estava pronta para implantar. Não pensava mais na carreira, nos impactos. Estava focada em um só objetivo.

Beta positivo! E que positivo — triplicava a cada exame. Liguei para a clínica:

— Renata, fique tranquila. Quando é menina, o beta tende a ser mais alto...

Desconhecia essa informação — mas afinal, sou oncologista, não ginecologista. Naquele momento, só pensava: que sejam duas meninas...

Semanas depois, o ultrassom. Três sacos gestacionais.

Entrei em pânico. Saí da sala, chorando, entrei no banheiro da clínica nauseada, desesperada. A primeira pessoa para quem contei, além da minha família, foi meu chefe. Ele recebeu a notícia com serenidade, empatia. Me acolheu. E naquele momento, me senti menos desesperada.

Os meses seguiram. Eu só não chorava enquanto atendia. Tinha certeza de que minha carreira, recém-iniciada, estava acabando.

Fui a primeira assistente a engravidar no grupo. Como seria? Quando teria que me afastar, já que era uma gestação de alto risco? Eu seria substituída? Esquecida? Dispensada?

E quem atenderia meus pacientes? Quem ocuparia meu lugar como assistente? Eu teria meu espaço de volta?

O repasse? Eu perderia minha renda? Afinal, não havia licença maternidade formal. Ganhava por produtividade — e estaria afastada. Ninguém falava sobre isso. Era como se minha gravidez não existisse. Mas eu estava grávida de trigêmeos. Com uma barriga impossível de esconder. Com contrações que vinham cada vez que eu subia escadas, descia para buscar pacientes, ou levantava para buscar exames. Até que, com 24 semanas, fui afastada. Precisava repousar. As contrações tinham que cessar.

Uma colega generosa assumiu meus pacientes e me substituiu na assistência.

Mas mesmo com todo esse acolhimento, me sentia só. Um vazio enorme me assombrava. Tinha me dedicado aos estudos, batalhado para entrar naquele grupo. Amava atender. Não tinha hora para ir embora. Preparava casos, discutia, estudava. Eu e meu chefe éramos uma dupla afinada.

E, de repente, estava em casa. Isolada daquele mundo. A rotina continuava – sem mim. E eu, que sempre quis ser mãe, pensava no que tinha perdido. Como minha ausência parecia ter sido superada tão rapidamente...

Com 29 semanas e cinco dias, a bolsa rompeu. Internação e, dois dias depois, os trigêmeos nasceram. Prematuros. Intubados. Liguei para meu chefe, que foi o primeiro a me visitar.

Naquele momento, o trabalho desapareceu da minha mente. Tudo o que importava era que eles sobrevivessem. Foram meses de UTI neonatal. Eles se tornaram minha prioridade, meu foco.

Após 75 dias de internação, finalmente fomos para casa. Vivia a maternidade intensamente. Me dedicava para que crescessem, ganhassem peso, amadurecessem.

Quando completaram quatro meses, fui chamada para voltar duas manhãs por semana. Entendi que sim, retomaria minha carreira. Mas minhas prioridades haviam mudado.

Voltei aos poucos, sem me agredir. Tive a sorte de ter um chefe que entendeu meu momento, me respeitou, me apoiou. Estava feliz. A cada noite mal dormida, a cada rotina revirada, pensava: "Renata, aproveite. Esse momento é único."

Com o tempo, reorganizei minha agenda. Adaptava a carga horária à rotina deles. Levava, buscava, dava banho, ia ao pediatra, ao pronto-socorro, assistia às apresentações, reuniões escolares. Quis viver tudo isso. E tive o privilégio de poder.

Ao mesmo tempo, seguia me atualizando, estudando, atendendo. Eles cresciam – e eu também. Voltei a me enxergar, como médica, como mulher. Os sonhos profissionais adormecidos foram acordando. Queria progredir na carreira, conquistar mais espaço, ampliar minha rede de encaminhamentos, estreitar vínculos com meus colegas de trabalho. Tudo caminhava bem — até ouvir o primeiro "não".

— Não, você não vai entrar nesse serviço. Tem filhos pequenos.

Ouvi o segundo:

— Se prefere ir ao ballet das suas filhas no sábado em vez da reunião, talvez esse não seja o hospital ideal.

E o terceiro:

— Você sumiu por tanto tempo... nem lembrava que ainda era oncologista.

No terceiro "não", fiquei indignada. Inicialmente senti culpa por ter me dedicado aos meus filhos. Ter vivido a maternidade com a intensidade que desejei, que necessitei, estava me fechando portas. É como se eu estivesse sendo punida por ter, naqueles primeiros anos, escolhido desacelerar, mesmo que depois, progressivamente tenha retomado minha carga horária e participação nas diversas atividades profissionais. Entretanto, esse sentimento foi fugaz. Ter sido acolhida no início, ter vivido minha maternidade com verdade, construído vínculo com meus filhos e contado com apoio da minha família — me preparou para lutar por espaço novamente. Eu não ia simplesmente aceitar não ter a oportunidade. Me senti forte, preparada, madura, pronta para seguir, para me dedicar ainda mais à profissão.

E me pergunto:

E se eu não tivesse tido essa sorte?

E se meu chefe não tivesse me apoiado?

E se eu tivesse sido dispensada ou esquecida?

E se eu não tivesse voltado?

Minha história não é única — mas poderia ter sido silenciada. Se não tivesse tido apoio, se não tivesse conseguido voltar. A maternidade ainda é vista como um obstáculo em nossa profissão, quando, na verdade, deveria ser respeitada como uma fase potente de amadurecimento. Precisamos de mais estruturas, mais acolhimento e menos julgamentos. Para que nenhuma médica precise escolher entre ser oncologista ou ser mãe.

Estratégias para equilibrar maternidade e medicina

Conciliar a maternidade e a carreira médica exige uma combinação de estratégias individuais, suporte institucional e transformações culturais. Estabelecer prioridades claras, buscar posições que ofereçam flexibilidade e benefícios adequados, além de contar com uma rede de apoio confiável de cuidados infantis, são medidas fundamentais para permitir o equilíbrio entre as exigências profissionais e familiares.[1,2] No ambiente profissional, políticas institucionais como licenças parentais bem definidas, acesso a creches e apoio à amamentação podem minimizar desafios comuns enfrentados por mães médicas.[1,3] Além disso, aprender a moderar o perfeccionismo, delegar responsabilidades sempre que possível e cultivar conexões sociais contribuem significativamente para o bem-estar.[4] Por fim, é essencial reconhecer que o equilíbrio entre maternidade e Medicina é dinâmico, exigindo ajustes contínuos à medida que os filhos crescem e as demandas profissionais evoluem.[2,3,5]

O papel das Instituições e Sociedades

Diversas mudanças institucionais são fundamentais para auxiliar nesse equilíbrio carreira-maternidade das profissionais médicas, como a oferta de creches em instituições hospitalares e clínicas, horários flexíveis de plantões, espaços para amamentação dentro do ambiente de trabalho e em congressos científicos, programas de reintegração pós licença e possibilidade de retorno gradual da jornada de trabalho. Além dessas estratégias, que devem ser priorizadas tanto pelas instituições públicas, empresas privadas e pela sociedade, as lideranças locais e gestores precisam valorizar as profissionais médicas que são mães. Exemplos disso vão desde respeitar o horário de trabalho para agendar reuniões, até a promoção da equidade de gênero em oportunidades para promoção de carreira e equidade salarial entre homens e mulheres. No **Quadro 8.1** citamos exemplos de ações que as instituições e sociedades podem implementar para auxiliar as às mulheres que se dividem entre a carreira e a maternidade.

Quadro 8.1. Estratégias institucionais

Criação de programas de mentoria para médicas mães que possam facilitar o acesso a mentoras experientes que sirvam de exemplo na integração entre vida profissional e pessoal)
Criação de salas de apoio à amamentação Espaços destinados à extração e armazenamento do leite materno, com privacidade e conforto para as mães
Aumento do tempo da licença maternidade e proteção do salário durante a maternidade Algumas empresas oferecem períodos de licença maternidade além do previsto por lei, permitindo que as mães tenham mais tempo para se dedicar aos seus bebês
Flexibilidade de horários Empresas podem oferecer horários de trabalho mais flexíveis para que as mães possam amamentar seus filhos com mais tranquilidade
Incentivo à mudança cultural de apoio / Advocacy Instituições e Sociedades podem promover a conscientização sobre a importância da amamentação entre seus funcionários/associados e gestores, criando um ambiente mais favorável à maternidade
Programas de apoio psicossocial Grupos de apoio, com suporte a prevenção de *Burnout*, palestras e acompanhamento psicológico podem ajudar as mães a lidar com os desafios da amamentação e da maternidade, e a manter suas carreiras
Selo Pró maternidade Criação de selo de qualidade para instituições que respeitam políticas pró maternidade
Promover equidade entre os gêneros e Combate a estereótipos de gênero É fundamental que as instituições combatam estereótipos que associam o cuidado dos filhos exclusivamente às mulheres. Campanhas internas e treinamentos sobre igualdade de gênero ajudam a desconstruir essas visões, reforçando que a maternidade não deve ser um obstáculo à contratação, promoção ou acesso a cargos de liderança

Apoio a amamentação/lactação e apoio ao cuidado infantil

Políticas institucionais de apoio à amamentação são fundamentais para o sucesso das médicas que se tornam mães. Medidas eficazes incluem a garantia de tempo protegido durante o expediente para extração de leite, a ampliação da licença-maternidade para favorecer a amamentação prolongada, a oferta de salas privadas, limpas e confortáveis, tanto para amamentação como para extração de leite materno. A educação sobre amamentação ainda durante a formação médica e campanhas que conscientizem sobre a importância desse tema no ambiente de trabalho também são estratégias recomendadas para promover uma cultura mais acolhedora e favorável às mães médicas.[6] Com relação aos cuidados na primeira infância, o acesso a creches de qualidade e confiáveis, preferencialmente no local de trabalho, bem como subsídios ou auxílios para o cuidado infantil é um fator essencial para o bem-estar, a satisfação profissional e a conclusão da formação médica por mães médicas.[6]

Diversos congressos científicos e médicos vêm ampliando o suporte a mães e pais, oferecendo espaços para amamentação e serviços de creche (*daycare*) durante seus eventos. Uma análise de grandes conferências científicas na América do Norte mostrou que 68% já oferecem algum tipo de suporte à criança, como creche, e 94% disponibilizam salas de lactação para mães que amamentam, embora especialistas defendam que esses números deveriam ser universais para garantir equidade de participação entre profissionais com filhos pequenos.[7,8] A discussão sobre a importância dessas iniciativas é crescente, pois a falta de suporte pode limitar a presença de mulheres e impactar negativamente suas carreiras acadêmicas e médicas.[7,9] Sociedades como a American Academy of Pediatrics (AAP) e associações pediátricas europeias reconhecem a necessidade de apoiar mães lactantes e promover ambientes inclusivos. A tendência é que sociedades médicas de grande porte, especialmente nas áreas de pediatria e saúde da mulher, estejam mais atentas a essas demandas, mas a oferta ainda não é padronizada globalmente.[7-9]

No Brasil essa tendencia é ainda incipiente, alguns congressos nacionais de Medicina já possuem ou estão se preparando para oferecer salas de amamentação para suas participantes. Alguns exemplos são o 26º Congresso Brasileiro dos Conselhos de Enfermagem (CBCENF) e o 6º Congresso Brasileiro Mame Bem. No ano de 2025 a SBOC pela primeira vez terá uma sala de amamentação em seu congresso anual, iniciativa idealizada pelo comitê de lideranças femininas da sociedade.

Programas de mentoria

A presença de mentoria durante a formação foi amplamente reconhecida como um fator importante para o desenvolvimento profissional e o sucesso de médicas que também são mães.[6] Estratégias eficazes incluem o aumento do número de mentores(as) experientes que consigam demonstrar equilíbrio entre carreira e vida pessoal, a criação de grupos de apoio entre colegas e a implementação de programas de mentoria formais e informais[6]. Em uma pesquisa com médicas da Sociedade de Oncologia Ginecológica dos EUA, 71% consideraram importante ter uma mentora mulher, embora apenas 35% tenham tido essa oportunidade.[10] Curiosamente, a qualidade mais valorizada em um mentor — independentemente do gênero — foi a capacidade de equilibrar a prática médica em tempo integral com a vida familiar.[10] Além disso, estudos mostram que grupos de apoio mediados são eficazes para reduzir o *burnout* em mães médicas, um grupo particularmente vulnerável ao estresse.[6]

Estratégias individuais

Diante dos inúmeros desafios impostos pela conciliação entre maternidade e prática médica, diversas estratégias individuais têm se mostrado úteis para promover equilíbrio e bem-estar. (**Quadro 8.2**). Maximizar a eficiência no trabalho, estabelecer rotinas consistentes em casa e promover a independência das crianças ajudam a otimizar o tempo e reduzir o estresse.[2,4] O autocuidado, físico e mental, assim como o apoio de familiares, amigos e colegas, desempenha papel essencial na manutenção desse equilíbrio.[4,11] A comunicação frequente com o(a) parceiro(a) e a coordenação conjunta das agendas também são estratégias importantes para lidar com as múltiplas demandas do cotidiano.[2,4] Além dessas medidas, é fundamental que a profissional conheça e reivindique seus direitos legais, como a licença-maternidade remunerada fornecida pelo INSS, que garante um período de afastamento com estabilidade e segurança financeira.

Quadro 8.2. Estratégias individuais

Se informar sobre os direitos e obrigações, conforme o tipo de regime pelo qual é contratada (PF ou PJ), logo no início da gestação
Avaliar contribuição ao INSS para licença-maternidade remunerada
Realizar uma divisão justa de tarefas domésticas
Praticar o autocuidado, físico e mental
Estabelecer uma rede de apoio de confiança (familiares, amigos, colegas, creches, escolas)
Promover a independência das crianças
Aprender a moderar o perfeccionismo

Referências bibliográficas – Parte III

1. Judge-Golden CP, Dotters-Katz SK, Weber JM, Pieper CF, Gray BA. Parenthood and Medical Training: Challenges and Experiences of Physician Moms in the US. Teach Learn Med. 2024 Jan 12;36(1):43-52.
2. Kangas T. Motherhood and Medicine. In: Women in Ophthalmology. Cham: Springer International Publishing; 2021. p. 179-85.
3. Potee RA, Gerber AJ, Ickovics JR. Medicine and motherhood. Academic Medicine. 1999 Aug;74(8):911-9.
4. Evans KL, Millsteed J, Richmond JE, Falkmer M, Falkmer T, Girdler SJ. Working Sandwich Generation Women Utilize Strategies within and between Roles to Achieve Role Balance. PLoS One. 2016 Jun 15;11(6):e0157469.
5. Wootton E, Forrest G. Motherhood and medicine: systematic review of the experiences of mothers who are doctors. Medical Journal of Australia. 2021 Jun 20;214(11):532.

6. Chesak SS, Yngve KC, Taylor JM, Voth ER, Bhagra A. Challenges and Solutions for Physician Mothers: A Critical Review of the Literature. Vol. 96, Mayo Clinic Proceedings. Elsevier Ltd., 2021. p. 1578–91.

7. Calisi RM. How to tackle the childcare–conference conundrum. Proceedings of the National Academy of Sciences. 2018 Mar 20;115(12):2845–9.

8. Langin K. Conferences score well on child care. Science (1979). 2018 Dec 14;362(6420):1229.

9. Kass D, Datta P, Goumeniouk NL, Thomas K, Berger ZD. Are Children Allowed? A Survey of Childcare and Family Policies at Academic Medical Conferences. Academic Emergency Medicine. 2019 Mar 25;26(3):339–41.

10. Gordinier ME, Ramondetta LM, Parker LP, Wolf JK, Follen M, Gershenson DM, et al. Survey of Female Gynecologic Oncologists and Fellows: Balancing Professional and Personal Life. Gynecol Oncol. 2000 Nov;79(2):309–14.

11. Awram R, Hancock N, Honey A. Balancing mothering and mental health recovery: the voices of mothers living with mental illness. Advances in Mental Health. 2017 Jul 3;15(2):147–60.

Conclusão

Os dados mostram o que já sabíamos na prática: ser mulher, oncologista e mãe é um caminho repleto de desafios, muitos deles silenciosos. São decisões diárias entre estar e não estar, entre cuidar do outro e cuidar dos nossos. Mas também é um caminho possível – e potente.

A maternidade não nos afasta da liderança. Ao contrário, ela nos transforma. Amplia nosso olhar, afina a escuta e nos ensina, com firmeza, o valor do tempo, da prioridade e da presença.

Mas seguir não pode depender apenas de força individual. Precisamos de ações concretas que tornem esse caminho mais sustentável, como ambientes de trabalho que respeitem e acolham diferentes fases da vida, políticas que permitam pausas sem punição, representatividade real em eventos científicos, com vozes diversas nos palcos e nas mesas de decisão.

A SBOC e outras sociedades médicas têm um papel fundamental nesse processo — não apenas como observadoras, mas como agentes ativos de mudança. Criar redes de apoio, oferecer mentorias, propor políticas institucionais e valorizar trajetórias plurais são passos concretos para que essa transformação aconteça.

Às mais jovens, deixamos nossa experiência e a convicção: é possível ser mãe, ser médica, ser líder. E é nossa responsabilidade — como mulheres que chegaram até aqui — garantir que as próximas venham com menos medo e mais apoio. Que elas encontrem as portas abertas, e saibam que têm lugar, voz e espaço.

Françoise Barré-Sinoussi

(1947-78 anos)

A virologista francesa ganhou o Prêmio Nobel pela descoberta do HIV junto com Luc Montaigner

"Nunca antes a ciência e a medicina foram tão rápidas na hora de descobrir, identificar a origem e oferecer tratamento a uma nova enfermidade"

(frase do comitê do Prêmio Nobel ao laurear Françoise Barré-Sinoussi e Luc Montaigner)

Era 1983 quando uma jovem cientista francesa no Instituto Pasteur isolou um vírus misterioso em amostras de linfonodos humanos. Esse vírus seria identificado como o HIV, o agente causador da AIDS. O mundo nunca mais seria o mesmo. E ela também não.

Françoise Barré-Sinoussi nasceu em 1947 e tornou-se uma das maiores referências da virologia mundial. Ganhou o Nobel de Medicina em 2008 junto com Luc Montaigner e liderou, por décadas, pesquisas sobre imunidade, vacinas e transmissão vertical (de mãe para filho). Foi também presidente da International AIDS Society e uma defensora da ciência acessível em países de baixa renda.

Tudo começou em 1983, quando a pesquisadora publicou na revista Science a descrição do retrovírus que depois seria chamado de HIV. Naquela época, havia na França apenas 50 pacientes identificados com sintomas da Aids. Os sanitaristas ainda não conheciam o perfil da epidemia na África e posteriormente ligaram os pontos.

Em seus discursos, ela defende o compromisso ético dos pesquisadores com as populações mais vulneráveis. "A descoberta do vírus não foi o fim. Foi o começo da nossa responsabilidade." Com serenidade e rigor, Françoise tornou-se símbolo de uma geração de cientistas que não recuaram diante do medo e usaram a ciência como resposta à urgência da vida.

O Futuro da Mulher na Medicina e o Futuro da Medicina sob uma Perspectiva Feminina

9

Gisah Guilgen
Maria Cecília Mathias
Sofia Vidaurre
Renata Bonadio
Laura Testa

Introdução

O cenário atual: conquistas e persistências

O avanço da mulher na medicina é uma das transformações mais marcantes da profissão nas últimas décadas. A presença feminina deixou de ser exceção para tornar-se regra em muitos contextos — seja no número de ingressantes nas escolas médicas, seja na atuação assistencial nas mais diversas especialidades. Esse movimento de crescimento, porém, não tem sido acompanhado, com a mesma velocidade, por mudanças estruturais que garantam igualdade de oportunidades ao longo da trajetória profissional. Persistem lacunas importantes em posições de liderança, diferenças salariais significativas, desequilíbrios na distribuição por especialidade e impactos desproporcionais da maternidade e das responsabilidades familiares sobre o desenvolvimento da carreira. Este cenário atual é, ao mesmo tempo, de conquistas notáveis e de desafios urgentes.

Avanços inegáveis

A representatividade feminina nas escolas médicas é, hoje, uma realidade consolidada em muitos países. Nos Estados Unidos, desde 2019 as mulheres constituem mais da metade dos matriculados em cursos de medicina, atingindo 55% em 2023–2024.[1] No Brasil, segundo a edição 2025 da *Demografia Médica*, as mulheres já representam pouco mais da metade dos médicos ativos — após um crescimento acentuado nos últimos 15 anos.[2] A tendência de feminização da profissão deve se acentuar nas próximas décadas, dada a predominância feminina entre os estudantes de medicina e entre os ingressantes em programas de residência médica.

Essa maior presença, no entanto, não se limita à formação médica. Nos serviços de saúde, médicas têm ampliado sua atuação em diferentes níveis de atenção e em múltiplas especialidades. Tradicionalmente concentradas em áreas como pediatria, ginecologia e clínica médica, mulheres têm conquistado espaços crescentes em especialidades de atuação técnico-procedimental, como anestesiologia, cardiologia, dermatologia e medicina intensiva. Um exemplo emblemático é o da cirurgia: no Reino Unido, dados do Royal College of Surgeons mostram que a proporção de mulheres entre os cirurgiões consultores subiu de 3% em 1991 para quase 17% em 2024, com variações conforme a subespecialidade.[3]

Na pesquisa e na academia, também se observam avanços. A participação feminina no corpo docente de escolas médicas nos Estados Unidos cresceu de 38% para 45% na última década, com presença expressiva em cargos intermediários como coordenações de programas e chefias de divisões clínicas.[1] No Brasil, embora faltem dados sistematizados sobre o tema, observa-se maior protagonismo feminino na liderança de serviços, congressos e produção científica. No entanto, esse crescimento ainda não se reflete de forma proporcional nos cargos mais altos de poder.

Desafios persistentes

A ascensão da mulher à liderança institucional permanece limitada. Apesar de comporem a maioria da base formativa, mulheres representam apenas 27% dos reitores de escolas médicas nos Estados Unidos e cerca de 25% das chefias de departamento.[1] Estudos mostram que, mesmo com desempenho acadêmico semelhante, as mulheres são promovidas mais lentamente que os homens, com menores taxas de ascensão ao cargo de professor titular.[4] Fatores como menor acesso a redes de patrocínio, tempo limitado para pesquisa e viés implícito nos processos de seleção e promoção ajudam a explicar essa disparidade.

Outro aspecto importante diz respeito à remuneração. As médicas, mesmo com carga horária semelhante, produtividade equivalente e tempo de carreira comparável, recebem, em média, salários menores do que os médicos. Uma análise publicada no *JAMA Internal Medicine* revelou uma diferença superior a US$ 50.000 por ano entre médicas e médicos que atuam em escolas médicas públicas nos EUA, mesmo após ajustes por variáveis como área de atuação e tempo de experiência.[5] Estudo semelhante publicado no *BMJ* apontou que a diferença persiste mesmo quando controladas variáveis como volume de atendimento e tipo de prática.[6]

A cultura institucional também permanece como um obstáculo importante. Relatos de assédio moral e sexual são comuns, com maior incidência em especialidades hierarquizadas ou dominadas historicamente por homens. O relatório AAMC 2024 mostra que uma em cada três médicas em ambiente acadêmico relatou ter vivenciado algum episódio de assédio.[1] Esse tipo de experiência, somado à ausência de políticas efetivas de combate e acolhimento, contribui para o abandono precoce de carreiras promissoras por parte de mulheres.

O equilíbrio entre vida pessoal e vida profissional é outro desafio crítico. A fase de maior produtividade acadêmica costuma coincidir com o período de decisão sobre maternidade. Médicas enfrentam dificuldades para adequar licenças, lidar com o impacto da gestação sobre a residência ou programas de pós-graduação, e manter o desempenho acadêmico exigido para progressão na carreira. Uma revisão sobre gravidez em médicas identificou estigmatização, dificuldades em obter licenças adequadas e impacto negativo na saúde mental e física dessas profissionais.[7]

Estudos qualitativos mostram que a sobrecarga com o cuidado familiar e a ausência de infraestrutura de apoio — como creches institucionais e escalas flexíveis — são fatores determinantes na escolha por trajetórias menos competitivas ou pela saída precoce da carreira acadêmica.[8] No Brasil, os dados do IBGE são contundentes: em 2022, as mulheres dedicaram, em média, 21,3 horas semanais a afazeres domésticos e cuidados de pessoas, enquanto os homens destinaram 11,7 horas — uma diferença que impacta diretamente a carga total de trabalho e a energia disponível para o investimento profissional.[9]

O futuro da liderança feminina na Medicina

O avanço das mulheres na medicina representa não apenas a superação de desigualdades históricas, mas também uma oportunidade estratégica para reconfigurar estruturas de poder e práticas institucionais. Em um cenário cada vez mais complexo, os sistemas de saúde demandam lideranças capazes de articular diferentes perspectivas, promover ambientes inclusivos e alinhar a gestão à centralidade do cuidado. A incorporação de lideranças femininas, com estilos frequentemente mais colaborativos, empáticos e orientados para o consenso, tem demonstrado impactos positivos tanto no desempenho organizacional quanto na qualidade assistencial.

Estudos apontam que mulheres em posições de liderança tendem a favorecer modelos participativos de gestão, promovendo escuta ativa, coesão de equipe e processos decisórios mais democráticos.[10,11] Tais características não apenas impulsionam a inovação, como também fortalecem a confiança institucional e favorecem ambientes de trabalho mais saudáveis. Em instituições médicas, onde a atuação integrada de múltiplas especialidades é essencial, essas habilidades tornam-se particularmente valiosas. Além do impacto na dinâmica interna das equipes, a liderança feminina também tem sido associada a uma maior adesão a diretrizes clínicas, a uma comunicação mais eficaz com pacientes e a uma maior atenção às necessidades individuais, reforçando a perspectiva do cuidado centrado no paciente.[12,13] Em tempos de transformação digital, pressão por resultados e desafios éticos complexos, essas competências se destacam como fundamentais para o futuro da medicina.

Nesse contexto, ganha relevância a institucionalização de programas de mentoria e patrocínio (*sponsorship*), voltados à promoção de talentos femininos. Enquanto a mentoria proporciona suporte técnico e desenvolvimento profissional, o patrocínio envolve o engajamento direto de lideranças na abertura de oportunidades concretas para mulheres promissoras, rompendo ciclos de exclusão e favorecendo trajetórias de ascensão.[14] A criação de redes de apoio e visibilidade, bem como o estímulo à presença feminina em pontos decisórios, são estratégias essenciais para garantir equidade nas oportunidades de liderança.

Apesar dos avanços observados nas últimas décadas, diversas barreiras estruturais, culturais e institucionais ainda limitam a participação plena das mulheres em cargos de liderança médica. Entre os obstáculos mais recorrentes estão a persistência de vieses de gênero, que desvalorizam competências femininas, a desigualdade no acesso a redes de influência, a ausência de modelos femininos em posições estratégicas e a dificuldade de conciliar as exigências da carreira médica com responsabilidades familiares. A essas barreiras soma-se a chamada cultura institucional, entendida como o conjunto de valores, normas, práticas e expectativas que moldam as dinâmicas internas de uma organização. Em muitos ambientes médicos, essa cultura ainda se caracteriza por estruturas hierárquicas rígidas, jornadas excessivamente longas, e modelos de liderança baseados na competitividade e na disponibilidade contínua, padrões que historicamente favorecem trajetórias masculinas. Esses elementos impactam diretamente a permanência e a ascensão de mulheres, exigindo a adoção de políticas institucionais personalizadas.

Entre as medidas mais eficazes estão a criação de metas claras de representatividade, o fomento a programas específicos de desenvolvimento de lideranças femininas e a formação de comitês de diversidade e inclusão com atuação estratégica.[15] Esses comitês, quando efetivamente estruturados, não se limitam a ações pontuais, mas participam ativamente da formulação de políticas institucionais, do acompanhamento de indicadores de equidade, da revisão de processos seletivos e da mediação de conflitos relacionados a discriminação ou assédio. A presença institucionalizada desses mecanismos tem se mostrado eficaz na promoção de ambientes mais equitativos, com impacto positivo tanto na retenção de talentos quanto na produtividade.

Outro eixo fundamental diz respeito ao enfrentamento do assédio e da discriminação de gênero, práticas ainda presentes em diversos ambientes institucionais e acadêmicos. A existência de canais de denúncia seguros e eficazes, aliada à educação contínua sobre assédio e respeito interpessoal, deve ser acompanhada de protocolos claros e consequências proporcionais para condutas inadequadas.[16] A responsabilização efetiva é um elemento essencial para transformar culturas organizacionais e garantir espaços profissionais mais seguros para todas as pessoas.

A conciliação entre carreira médica e maternidade permanece um desafio central. A ausência de políticas adequadas, como modelos de trabalho flexíveis, licenças parentais equitativas e infraestrutura de apoio, como creches em instituições de saúde, contribui para a evasão de médicas altamente qualificadas em momentos-chave de sua trajetória.[17] O reconhecimento da dupla jornada e a promoção da corresponsabilidade parental são fundamentais para assegurar as oportunidades de desenvolvimento.

Por fim, é urgente investir na transformação cultural desde a base da formação médica. Programas educacionais que abordem os vieses de gênero, promovam o respeito à diversidade e incentivem modelos de liderança inclusiva devem ser parte integrante dos currículos acadêmicos. A construção de uma cultura de equidade começa com a conscientização crítica de estudantes e profissionais em formação, preparando o terreno para um futuro mais justo e plural.[18]

O futuro da medicina está intrinsecamente ligado à promoção da equidade de gênero nas estruturas de liderança. Valorizar a presença feminina nos espaços decisórios não se resume a corrigir desequilíbrios históricos — trata-se de uma estratégia essencial para qualificar o cuidado, aprimorar a governança das instituições e responder de forma mais sensível às demandas da sociedade. A criação de ambientes de trabalho inclusivos, a eliminação de barreiras estruturais e o reconhecimento do potencial transformador das mulheres médicas são passos indispensáveis para construir um sistema de saúde mais eficiente, ético e humano.

O futuro da Medicina sob uma perspectiva feminina

À medida que mais mulheres ascendem a posições de destaque na medicina, abre-se uma oportunidade única para reimaginar os rumos da profissão e os modelos de atenção à saúde. Essa transição não se resume apenas à ampliação da representatividade feminina nos espaços institucionais, mas também à incorporação de valores, prioridades e práticas que tradicionalmente foram menos considerados na história da medicina. A perspectiva feminina, historicamente invisibilizada, pode ser uma força propulsora de inovação, equidade e humanização em todos os níveis do sistema de saúde.

Medicina inovadora e inclusiva

Pesquisa e desenvolvimento com viés de gênero

Historicamente, a ciência médica foi construída com base em modelos predominantemente masculinos — tanto nos sujeitos das pesquisas quanto nas perguntas formuladas e nos desfechos avaliados. Estudos indicam que mulheres foram frequentemente sub-representadas em ensaios clínicos do início do século.[19] Além disso, análises da eficácia e de segurança de tratamento estratificadas por sexo e gênero ainda são subutilizadas.[19]

Uma medicina verdadeiramente inovadora precisa incorporar a perspectiva de gênero desde o desenho dos estudos até a interpretação dos resultados. Isso implica, por exemplo, compreender como fatores hormonais, ciclos reprodutivos, exposições ambientais diferenciadas e desigualdades sociais impactam a fisiopatologia das doenças em mulheres. Envolve também reconhecer os vieses diagnósticos que levam à subvalorização de sintomas femininos — como no infarto agudo do miocárdio, onde a apresentação clínica em mulheres muitas vezes difere da "clássica" descrita em homens. Em um estudo observacional com mais de 1 milhão de casos, demonstrou-se que mulheres com infarto agudo do miocárdio apresentaram com mais frequência quadro sem dor torácica e tiveram mortalidade mais elevada que homens da mesma faixa etária.[20] Reconhecer apresentações clínicas distintas entre sexos é, portanto, essencial para uma melhor assistência.

Outro aspecto relevante é que tratamentos medicamentosos podem apresentar diferenças significativas de farmacocinética, farmacodinâmica, eficácia e perfil de efeitos adversos entre homens e mulheres. Fatores como composição corporal, atividade enzimática hepática, função renal e níveis hormonais influenciam a absorção, distribuição, metabolismo e excreção dos fármacos, resultando em exposições sistêmicas distintas. Um exemplo é o indutor de sono zolpidem – com uma mesma dose da medicação sublingual, mulheres atingem concentrações plasmásticas 40-50% mais elevadas que homens, levando a recomendação distintas de dosagem pelo U.S. Food and Drug Administration (FDA).[21]

Além disso, mulheres podem apresentar maior incidência de determinados efeitos adversos associados a medicações, como prolongamento do intervalo QT e *torsade de points*, o que pode ter implicações clínicas importantes.[22] Diferenças também são observadas na eficácia de algumas terapias, como a aspirina, que demonstrou efeitos preventivos diferenciados entre os sexos, com redução mais pronunciada de infarto agudo do miocárdio em homens e acidente vascular cerebral em mulheres.[23] Esses achados reforçam a necessidade de incorporar análises estratificadas por sexo em ensaios clínicos e de considerar essas variáveis na prática médica, promovendo maior segurança e efetividade nos tratamentos.

O investimento em pesquisa com viés de gênero não apenas preenche lacunas históricas de conhecimento, como também melhora a precisão terapêutica, amplia a segurança dos tratamentos e contribui para um cuidado mais justo e eficaz.

Saúde da mulher além da reprodução

Durante décadas, o campo da saúde da mulher foi focado quase exclusivamente à ginecologia e obstetrícia. Embora esses sejam aspectos centrais, essa limitação conceitual contribuiu para a negligência de outras condições que impactam desproporcionalmente a saúde feminina. Doenças cardiovasculares, por exemplo, são a principal causa de morte entre mulheres no mundo, mas muitas vezes são subdiagnosticadas ou tratadas com atraso. Distúrbios autoimunes, como lúpus e esclerose múltipla, têm maior incidência em mulheres, assim como transtornos de ansiedade e depressão.

Ampliar a noção de saúde da mulher significa reconhecer a complexidade biológica e social que molda sua experiência de adoecimento e de cuidado. Significa também estimular a formação de profissionais capacitados a identificar e tratar essas condições com sensibilidade de gênero. A presença crescente de médicas em especialidades historicamente masculinas, como cardiologia, neurologia e psiquiatria, tem o potencial de reequilibrar prioridades e desafiar paradigmas consolidados, contribuindo para uma abordagem mais ampla e precisa das necessidades femininas ao longo da vida.

Tecnologia e humanização

O avanço da tecnologia na medicina tem transformado a prática clínica, oferecendo ferramentas cada vez mais sofisticadas de diagnóstico, monitoramento e intervenção. No entanto, há um risco crescente de que a eficiência tecnológica suplante a escuta atenta e a relação empática — pilares centrais da prática médica que são mais frequentemente empregados por médicas mulheres.[24] A perspectiva feminina pode atuar como força de equilíbrio nesse processo, garantindo que a humanização do cuidado não seja sacrificada em nome da automatização.

A atuação feminina pode auxiliar no uso da tecnologia como meio — e não fim — do cuidado, priorizando a comunicação efetiva, a escuta ativa e a personalização da abordagem. Essa visão pode contribuir para o desenvolvimento de soluções tecnológicas mais sensíveis às necessidades humanas, como aplicativos com linguagem inclusiva, sistemas de inteligência artificial livres de viés de gênero e plataformas de telemedicina que respeitem a diversidade cultural e emocional dos pacientes. A interface entre tecnologia e cuidado, quando guiada por valores humanistas, pode promover uma medicina mais eficiente, ética e centrada na pessoa.

Novos modelos de cuidado

Saúde preventiva e integral

A predominância do modelo biomédico, centrado na doença e na intervenção curativa, tem gerado sistemas de saúde fragmentados, custosos e pouco sustentáveis. A emergência de médicas em espaços de decisão pode favorecer a transição para um modelo mais preventivo, integral e orientado para a promoção da saúde. Esse enfoque leva em conta não apenas os sintomas físicos, mas também os determinantes sociais, emocionais e ambientais do processo saúde-doença.

A abordagem feminina do cuidado tende a valorizar a longitudinalidade da relação médico-paciente, o acompanhamento contínuo e o fortalecimento de vínculos terapêuticos. Isso se traduz em maior adesão a estratégias de rastreamento, aconselhamento de estilo de vida e intervenções precoces, com potencial de reduzir desigualdades em saúde e melhorar indicadores populacionais. Nesse contexto, o olhar feminino não apenas amplia o escopo da atenção, como redefine prioridades em favor da prevenção e da equidade. Como exemplo, em uma pesquisa realizada com médicos generalistas na França, observou-se que médicas mulheres aderem mais na indicação de medidas preventivas para seus pacientes, como orientação de medidas de estilo de vida e exames de rastreamento, do que médicos homens (OR = 1.35, 95% CI 1.05-1.73).[25]

Equipes multidisciplinares e colaborativas

A complexidade crescente dos cuidados em saúde exige a atuação integrada de múltiplos saberes e competências. Modelos de liderança feminina, frequentemente mais horizontais, colaborativos e orientados à construção coletiva, favorecem a consolidação de equipes multiprofissionais coesas e eficazes. Esse estilo de liderança tem se mostrado associado a melhores desfechos clínicos, maior satisfação entre profissionais e pacientes, e ambientes de trabalho mais respeitosos e inclusivos.[26]

Ao valorizar a escuta, a corresponsabilidade e a interdependência, médicas em posições de liderança contribuem para romper a lógica hierárquica que ainda predomina em muitas instituições. Isso se reflete na gestão mais participativa de casos clínicos, na valorização do saber de enfermeiros, psicólogos, fisioterapeutas e demais profissionais, e na construção de planos terapêuticos mais integrados e centrados no paciente.[26]

Desmedicalização e empoderamento do paciente

A medicina contemporânea tem sido marcada por uma crescente medicalização da vida — com a expansão de diagnósticos, prescrições e intervenções, algumas vezes até mesmo desnecessárias ou desproporcionais. A presença feminina no campo médico tem o potencial de provocar uma inflexão nesse paradigma, promovendo uma abordagem mais crítica, ética e equilibrada do uso de recursos terapêuticos.

Estudos apontam que médicas tendem a realizar menos prescrições desnecessárias, adotando condutas mais conservadoras e baseadas em evidências.[27] Ao mesmo tempo, mostram maior empenho em compartilhar decisões com os pacientes, respeitar suas preferências e promover sua autonomia.[27,28] Essa postura favorece o empoderamento do paciente — entendido como sua capacidade de compreender, participar e decidir sobre o próprio processo de cuidado.[28]

O futuro da medicina sob uma perspectiva feminina pode, portanto, ser um futuro de menos medicalização e mais escuta, menos hierarquia e mais diálogo, menos imposição e mais parceria. Um futuro em que a técnica não se oponha à sensibilidade, e em que a excelência profissional caminhe junto à empatia, à justiça e ao compromisso com o bem-estar coletivo.

A responsabilidade compartilhada e o papel dos homens

A promoção da equidade de gênero na medicina transcende a esfera feminina, configurando-se como uma responsabilidade coletiva que engloba toda a comunidade médica. É imperativo reconhecer que a construção de um ambiente mais justo e equilibrado não pode prescindir do engajamento ativo dos homens, que desempenham um papel fundamental como aliados, mentores e defensores da equidade. Eles são parte integrante da solução e sua participação é crucial para desmantelar barreiras históricas e culturais que persistem na profissão. A ideia de que a igualdade de gênero é uma "questão de mulheres" precisa ser superada, sendo substituída pela compreensão de que se trata de uma questão fundamental para o avanço da medicina como um todo.

No caminho para um futuro mais equitativo, é inspirador observar a crescente atuação de homens que ativamente apoiam a ascensão feminina na medicina. Seja por meio de programas de mentoria formal, do patrocínio (*sponsorship*) que abre portas para novas oportunidades, ou simplesmente através do reconhecimento e valorização do trabalho de suas colegas, esses exemplos demonstram como a colaboração masculina é essencial para o progresso. Esses líderes e colegas compreendem que o avanço na medicina é intrinsecamente ligado à diversidade de perspectivas e talentos, e que a equidade fortalece a profissão como um todo.

Um exemplo concreto desse engajamento institucional e da responsabilidade compartilhada pode ser observado nas ações da Sociedade Brasileira de Oncologia Clínica (SBOC). Embora as mulheres representem 52% dos associados da SBOC, foram identificadas barreiras significativas para sua ascensão a posições de gestão e comando. A partir de 2021, a SBOC intensificou suas iniciativas para combater as desigualdades e a menor representatividade feminina em cargos de liderança. Sob a presidência da Dra. Clarissa Maria de Cerqueira Mathias, o Comitê de Lideranças Femininas foi criado em fevereiro de 2021 com o objetivo de mapear e abordar esses desafios. Logo em março do mesmo ano, uma Pesquisa "Equidade de Gênero na Oncologia" foi lançada, revelando dados alarmantes: uma porcentagem significativa de oncologistas já havia sofrido assédio, muitas se sentiam injustiçadas por serem mulheres e relatavam salários inferiores aos colegas homens.

Esses dados fundamentaram as iniciativas subsequentes da sociedade, mostrando que a problemática da equidade não é uma percepção isolada, mas uma realidade estatística que exige intervenção de toda a comunidade. Em 2024, sob a presidência da Dra. Anelisa Coutinho, a SBOC lançou o Guia "Liderança Feminina SBOC", baseado nos dados da pesquisa e em um ciclo de conversas sobre o tema. Este guia visa oferecer suporte e direcionamento para a carreira de mulheres na oncologia, incentivando sua participação em posições de liderança e combatendo as desigualdades existentes. A continuidade e o aprofundamento dessas iniciativas, com a participação de diferentes gestões da SBOC, ilustram como a liderança masculina também se engaja ativamente na promoção da equidade, reconhecendo os benefícios para a área como um todo e assumindo a responsabilidade por um legado mais justo. A reflexão sobre como cada homem pode contribuir, em seu dia a dia, para um ambiente mais inclusivo é um passo vital para solidificar essa transformação.

Em última análise, uma medicina que abraça a equidade de gênero e a inclusão é uma medicina mais forte e eficaz para todos. Os benefícios se estendem para além das mulheres, impactando positivamente a qualidade do cuidado ao paciente, a inovação nas práticas médicas e a saúde de toda a sociedade. A luta pela equidade de gênero na SBOC alinha-se a um projeto mais amplo de diversidade, incluindo discussões sobre raça e acesso, demonstrando um comprometimento crescente com as questões sociais e de governança. A colaboração entre homens e mulheres na busca por um sistema de saúde mais justo e representativo é, portanto, um investimento no bem-estar coletivo.

Conclusão: um futuro mais justo e saudável

A ascensão e a plena participação das mulheres na medicina não são apenas um ideal de equidade, mas uma necessidade imperativa para o avanço da saúde global. Os inegáveis avanços na representatividade feminina foram acompanhados por desafios persistentes, como a disparidade em posições de liderança, a sobrecarga imposta pela dupla jornada, o assédio e a disparidade salarial. No entanto, o poder transformador da liderança feminina – impulsionando inovação, colaboração e um cuidado mais empático e centrado no paciente – aponta para um futuro promissor, onde a perspectiva de gênero enriquecerá a pesquisa, ampliará o escopo da saúde da mulher além da reprodução e fomentará novos modelos de cuidado focados na prevenção, integralidade e empoderamento do paciente.

A transformação que almejamos, contudo, não é automática. Ela exige um chamado à ação contínuo e engajado de cada indivíduo, de todas as instituições de saúde e educacionais, e da formulação de políticas públicas robustas que desconstruam vieses, combatam a discriminação e apoiem a conciliação entre vida profissional e pessoal. É um esforço coletivo que demanda resiliência, diálogo e a coragem de desafiar estruturas consolidadas.

A Sociedade Brasileira de Oncologia Clínica (SBOC) serve como um exemplo notável de uma instituição que tem atendido a esse chamado à ação. Ao criar o Comitê de Lideranças Femininas em 2021 e realizar a Pesquisa "Equidade de Gênero na Oncologia" em 2021, a SBOC não apenas reconheceu os desafios enfrentados pelas mulheres na área – incluindo assédio, sentimento de injustiça e disparidade salarial –, mas também utilizou esses dados como base para a criação de soluções. O lançamento do Guia "Liderança Feminina SBOC" em 2024 é uma materialização desse compromisso, oferecendo suporte e direcionamento para a carreira de mulheres e incentivando sua participação em posições de liderança. Para esse ano de 2025, também é esperado o lançamento do projeto de Mentorias Femininas, que será mais uma ferramenta para contribuir na formação das jovens oncologistas na construção de uma carreira mais promissora e com menos viéses de gênero. A SBOC demonstra que, ao incorporar discussões sobre diversidade mais amplas, como raça e acesso, as sociedades médicas podem ser agentes catalisadores de uma nova era na medicina. Que cada leitor se sinta inspirado a ser um agente dessa mudança em seu próprio campo de atuação, promovendo a equidade e valorizando a diversidade de talentos.

Encerramos com uma visão de uma nova era na Medicina: uma era em que o talento, a liderança e a perspectiva das mulheres não sejam apenas reconhecidas, mas plenamente valorizados e integrados em todos os níveis do sistema de saúde. É uma visão otimista, mas alicerçada na crença de que a diversidade de gênero nos levará a um sistema de saúde mais forte, humano, ético e eficaz para todos. Nesse futuro, a medicina refletirá a sociedade que serve, e a colaboração entre todos os gêneros será a norma, não a exceção.

Para finalizar, deixamos algumas perguntas para reflexão, que esperamos que ecoem em suas práticas e pensamentos, inspirando o caminho a seguir:

- Como podemos, individual e coletivamente, acelerar a desconstrução de vieses de gênero em nossos ambientes de trabalho e na formação médica?

- Quais são as ações mais urgentes que nossas instituições devem adotar, seguindo exemplos como o da SBOC, para garantir a plena equidade de oportunidades e combater o assédio?

- De que forma a inclusão da perspectiva feminina pode, de fato, aprimorar a qualidade do cuidado que oferecemos aos nossos pacientes e à sociedade, considerando as diferentes necessidades de saúde entre os gêneros?

- Como podemos assegurar que as futuras gerações de médicas não enfrentem as mesmas barreiras que as anteriores, e que a maternidade seja um estágio de vida apoiado, e não um obstáculo, na progressão de suas carreiras?

Referências bibliográficas

1. Association of American Medical Colleges. The State of Women in Academic Medicine 2023–2024. Washington, DC: AAMC, 2024.
2. Scheffer M, et al. Demografia Médica no Brasil 2025. São Paulo: AMB/FMUSP/MS, 2025.
3. Royal College of Surgeons of England. Women in Surgery Statistics Report. NHS Digital, 2024.
4. Richter KP, et al. Women physicians and promotion in academic medicine. N Engl J Med. 2020;383:2148-57.
5. Jena AB, et al. Sex differences in physician salary in US public medical schools. JAMA Intern Med. 2016;176(9):1294-304.
6. Seabury SA, et al. Practice composition and sex differences in physician income. BMJ. 2020;370:m2588.
7. Stack SW, et al. Pregnancy in physicians: a scoping review. Med Educ. 2022;56(5):455-66.

8. Halley MC, et al. Why are women still leaving academic medicine? A qualitative study. BMJ Open. 2025;15:e057847.

9. Instituto Brasileiro de Geografia e Estatística (IBGE). Estatísticas de Gênero: Indicadores Sociais das Mulheres no Brasil. 3ª ed. Rio de Janeiro: IBGE, 2024.

10. Eagly AH, Carli LL. *Through the Labyrinth: The Truth About How Women Become Leaders.* Harvard Business Review Press, 2007.

11. Ely RJ, Ibarra H, Kolb DM. Taking Gender Into Account: Theory and Design for Women's Leadership Development Programs. *Acad Manag Learn Educ.* 2011;10(3):474-93.

12. Bertakis KD, Azari R. Patient-centered care is associated with decreased health care utilization. *J Am Board Fam Med.* 2011;24(3):229-39.

13. Wallis CJ, Jerath A, Coburn N, et al. Comparison of postoperative outcomes among patients treated by male and female surgeons: a population based matched cohort study. *BMJ.* 2017;359:j4366.

14. Travis EL, Doty L, Helitzer DL. Sponsorship: A Path to the Academic Medicine C-Suite for Women Faculty? *Acad Med.* 2013;88(10):1414-7.

15. Carnes M, Morrissey C, Geller SE. Women's health and women's leadership in academic medicine: hitting the same glass ceiling? *J Womens Health.* 2008;17(9):1453-62.

16. Fnais N, Yorke C, Frohna JG, et al. Prevalence of harassment and discrimination among residents and fellows: A systematic review and meta-analysis. *JAMA.* 2014;312(21):2120-9.

17. Phillips SP, Austin EB. The Feminization of Medicine and Population Health. *JAMA.* 2009;301(8):863-4.

18. Girod S, Fassiotto M, Grewal D, et al. Reducing Implicit Gender Leadership Bias in Academic Medicine With an Educational Intervention. *Acad Med.* 2016;91(8):1143-50.

19. Johnson P, Fltzgerald T, Salganlcoff A, Wood S, Goldstein J. Sex-specific medical research: why women's health can't wait. A report of the Mary Horrigan Connors Center for Women's Health & Gender Biology at Brigham and Women's Hospital. Brigham and Women's Hospital: 2014 Available at: http://www.brighamandwomens.org/Departments_and_Services/womenshealth/ConnorsCenter/Policy/ConnorsReportFINAL.pdf.

20. Canto JG, Rogers WJ, Goldberg RJ, Peterson ED, Wenger NK, Vaccarino V, et al. Association of age and sex with myocardial infarction symptom presentation and in-hospital mortality. JAMA. 2012;307(8):813-22. doi:10.1001/jama.2012.199.

21. Greenblatt DJ, Roth T. Gender differences in pharmacokinetics and pharmacodynamics of zolpidem: implications for dose adjustment. Int J Clin Pharmacol Ther. 2012;50(8):565-72. doi:10.5414/CPP50071.

22. Coker SJ. Drugs for men and women—how important is gender as a risk factor for TdP? Pharmacol Ther. 2008;119(2):186–94. doi:10.1016/j.pharmthera.2008.05.003.

23. Berger JS, Roncaglioni MC, Avanzini F, Pangrazzi I, Tognoni G, Brown DL. Aspirin for the primary prevention of cardiovascular events in women and men: a sex-specific meta-analysis of randomized controlled trials. JAMA. 2006;295(3):306–13. doi:10.1001/jama.295.3.306.

24. Howick J, Moscrop A, Mebius A, Fanshawe TR, Lewith G, Bishop FL, et al. How empathic is your healthcare practitioner? A systematic review and meta-analysis of patient surveys. *BMJ Open*. 2017;7(1):e011582. doi:10.1136/bmjopen-2016-011582.

25. Joubert C, Zins M, Goldberg M, Nabi H. Physicians' preventive practices: more frequently performed for male patients and by female physicians. *Eur J Public Health*. 2020;30(4):672-7. doi:10.1093/eurpub/ckz234.

26. Hallet J, Sutradhar R, Flexman A, McIsaac DI, Carrier FM, Turgeon AF, et al. Association between anaesthesia–surgery team sex diversity and major morbidity. *Br J Surg*. 2024;111(5):znae097. doi:10.1093/bjs/znae097.

27. Wang D, Liu C, Wang X, Zhang X. Association between physicians' perception of shared decision making with antibiotic prescribing behavior in primary care in Hubei, China: a cross-sectional study. *Antibiotics (Basel)*. 2020;9(12):876. doi:10.3390/antibiotics9120876.

28. Alameddine M, Dator WLT, Dao DQ, Diab El Harake M, Zoghbi E, Diab-El-Harake M, et al. Patients' and physicians' gender and perspective on shared decision-making: a cross-sectional study from Dubai. *PLoS One*. 2022;17(8):e0271942. doi:10.1371/journal.pone.0271942.

Eliete Bouskela

(1950-75 anos)

Fisiologista, especialista em microcirculação e presidente da Academia Nacional de Medicina

"Lamentavelmente, ainda é muito relevante ser a primeira mulher em certos cargos. Isso mostra o quanto ainda há a conquistar."

Eliete Bouskela gosta de dizer que faz ciência com lupa. Seu objeto de estudo? As microestradas do sistema circulatório. Natural de Uberlândia, nascida em 1950, formou-se pela Universidade Federal do Rio de Janeiro (UFRJ) e tornou-se uma das maiores especialistas do mundo em microcirculação, campo que estuda os vasos microscópicos essenciais para entender doenças como diabetes, obesidade e sepse.

Ao longo de décadas de pesquisa, Eliete combinou técnica, liderança e afeto. Foi a primeira diretora científica da FAPERJ, membro da Academia Europeia de Ciências e, em 2024, elegeu-se como a primeira mulher presidente da Academia Nacional de Medicina em 194 anos. Mas para ela, o feito vai além do título. "Lamentavelmente, ainda é muito relevante ser a primeira mulher em certos cargos. Isso mostra o quanto ainda há a conquistar", afirmou em entrevista.

Eliete representa a ciência comprometida com a vida real, feita por mulheres que desafiam o tempo, os estereótipos e que ajudam a pavimentar o longo caminho da equidade de gêneros.

Nísia Trindade Lima

(1958-67 anos)

A primeira mulher a presidir a Fiocruz em 120 anos, a cientista social também foi a primeira mulher a comandar o Ministério da Saúde do Brasil

"Olho para esse pioneirismo com preocupação. Isso mostra a dificuldade de nós, mulheres, atingirmos cargos de direção. Precisamos ter formas eficazes de furar esse teto"

A cientista social, socióloga e professora universitária **Nísia Trindade** chegou à presidência da Fundação Oswaldo Cruz (Fiocruz) em 2017 com a alma e os pés fincados na saúde coletiva. Em mais de um século de existência da instituição, nunca uma mulher havia assumido o comando. "Para mim, a saúde é base da vida e também da democracia", disse, ao tomar posse. Durante a pandemia da Covid19, Nísia tornou-se uma das vozes mais sensatas do país, coordenando vacinas, pesquisas e políticas com equilíbrio entre ciência e humanidade.

O pioneirismo marcou também sua passagem pelo governo federal. Convidada pelo presidente Luis Inácio Lula da Silva no seu terceiro mandato, Nísia tornou-se a primeira mulher a ocupar o comando do ministério da Saúde (criado em 1953). No seu discurso de posse como 51ª ministra de Estado da República, a professora Nísia criticou com veemência a negação à ciência e a desinformação. De 2023 a 2025, seu trabalho pautou-se pelo resgate do SUS como direito universal, com foco em equidade, ciência, território e diálogo social.

Nascida em 1958 no Rio de Janeiro, Nísia Verônica cresceu no bairro do Catete, filha do juiz de Direito, professor de literatura e poeta Nivaldo de Assis Lima. Sua mãe, Marina Trindade, morreu quando ela tinha três anos. Marina tinha um ateliê de chapéus e era uma mulher independente.

Com a morte precoce da mãe, Nísia e os dois irmãos foram criados pela avó materna, Marcília Guimarães Trindade. Era austera e não imaginava que as mulheres poderiam ter lugar no mundo intelectual. Achava estranho que Nísia não tivesse interesse por atividades da casa. Essa tensão pode ter sido preponderante na formação da personalidade da jovem Nísia. O pai a influenciava contando histórias do Brasil e no gosto pela literatura. Ela decidiu cursar ciências sociais na UERJ em 1976. Participou do movimento estudantil pela redemocratização, colaborando na criação do centro acadêmico de ciências humanas da universidade.

Pesquisadora premiada, ela apaixonou-se pela área da saúde na década de 1980 e construiu a carreira na Fiocruz. Mãe de dois filhos homens, e um neto, Nísia é uma gestora que, longe dos discursos de guerra, faz pactos de reconstrução. E vem deixando um legado duradouro para a política sanitária brasileira.

Posfácio

Quando uma mulher cura, ela repara também o mundo

Ao virar a última página deste livro, é impossível não se perguntar: quantas histórias ainda estão por ser contadas? Quantas médicas, cientistas, enfermeiras, parteiras e pesquisadoras atuaram, e atuam, longe dos holofotes, mas com a mesma força das que aqui foram homenageadas?

Este livro não se propõe a ser um catálogo definitivo. Ele é um gesto. Um ponto de partida. Um convite à lembrança e ao reconhecimento de tantas trajetórias femininas que ajudaram a desenhar a Medicina como a conhecemos hoje: mais precisa, mais humanizada, mais comprometida com a vida em sua inteireza.

Ao reunir essas histórias, quisemos iluminar não apenas conquistas científicas, mas também gestos sutis de resistência: o bisturi empunhado por uma jovem negra num hospital segregado; a prancheta carregada por uma pediatra que falava com mães analfabetas sobre soro caseiro; o estetoscópio usado por quem cuidava mais com o olhar do que com os remédios.

São histórias que nos ensinam que ciência e afeto não se excluem. Que o cuidado é também um ato político. E que mulheres, quando ocupam seus espaços, não apenas avançam, mas transformam.

Que este livro seja relido, compartilhado, questionado, atualizado. Que inspire novas gerações a escrever, com seus próprios instrumentos, os próximos capítulos dessa história que pulsa em cada batida do coração.